Christina Morgenschweis / Doris Will

Ebern entdecken

**Gelebte Geschichte und Geschichten
einer fränkischen Kleinstadt mit ihren
Stadtteilen**

Ein Stadtführer

W0180059

Abbildungen auf dem Umschlag
Rathaus von Ebern (Titelbild)
Blick auf Ebern mit Stadtpfarrkirche (Umschlagrückseite)
Jesserndorf; Schlosskirche Eyrichshof; Radwegeröffnung
Ebern-Maro; Blick in den Itzgrund (Umschlaginnenseite)
Fotos Doris und Michael Will, Ebern

© 2007 Hrsg. Stadt Ebern, Rittergasse 3, 96106 Ebern
Layout und Druck: Weigang Media, Ebern
Konzept: Christina Morgenschweis, Ebern
Erstellung: S. 5-110 C. Morgenschweis, S. 111-216 D. Will

ISBN 978-3-00-023085-1
1. Auflage 2007

Inhalt

Vorwort

Liebe Leser,
ich möchte Sie gerne mit den Schönheiten unseres Städtchens und seinen 16 Stadtteilen in diesem Buch bekannt machen. Dieser handliche Reisebegleiter durch Ebern vereinigt in sich Wissenswertes von der Vergangenheit bis zur Gegenwart. In seiner Konzeption richtet er sich an Besucher wie an Einheimische. Er gibt Auskunft über die geschichtlichen Wurzeln unserer fränkischen Kleinstadt, die über 600 Jahre dem Territorium des Fürstbistums Würzburg angehörte, bis sie in den letzten 200 Jahren den Weg über das Königreich zum Freistaat Bayern fand und die nach einem halben Jahrhundert Ausharren in der Nähe der Demarkationslinie, nach dem Fall des „eisernen Vorhangs", nun wieder in der Mitte Deutschlands liegt. Dieses Büchlein führt durch die Historie ebenso, wie durch die sanften Täler und Hügel der Haßberge. Es richtet den Blick auf die Menschen, auf ihre Lebensart und ihre Bräuche, auf die Feste im Jahreskreis und auf die Veränderungen, denen sich keine Region entziehen kann.

Allen Gästen, aber auch den Eberner Bürgerinnen und Bürgern wünsche ich viel Freude beim Aufspüren der Schätze unserer Heimat.

Im November 2007

Ihr
Robert Herrmann
1. Bürgermeister

EBERN

Lebendige
Geschichte

Ebern
geschichtsträchtige Stadt im Baunachgrund

Es würde den Rahmen eines Stadtführers sprengen, die Geschichte Eberns (allein acht Jahrhunderte seit der Stadtbenennung anno 1230) im Detail darzustellen. An dieser Stelle sollen wenige wichtige geschichtliche Stationen und Stimmungsbilder den besonderen Charakter Eberns verdeutlichen, „dieses munteren und stillen, dieses heiteren und ernsten, dieses alten und modernen Städtchens", wie ein Coburger Chefredakteur die Stadt Ebern in einem Beitrag zur 750-Jahrfeier beschrieb. Rund 160 Jahre alt ist die folgende Bemerkung eines Gustav von Heringen: „Ebern, (damals noch) Sitz eines Landgerichts, eine jener steinernen, wohlgemauerten, getürmten, vielzackigen aber unendlich kleinen Städte, womit Franken besät ist, geharnischte Zwerge dürfte man sie nennen, bildet ziemlich den Mittelpunkt des Tales."

Erste Spuren

Mit dem Tal ist die Baunachniederung gemeint, über deren östlichen Rand die Stadt Ebern auf leicht erhöhtem Gelände liegt. Das Baunachtal soll in grauer Vorzeit zunächst von germanischen Volksstämmen

Der Baunachgrund bei Frickendorf.

bewohnt gewesen sein. Während der Völkerwanderung verbreiteten sich hier vermehrt auch „slawische Kolonien". Ortsnamen, an die das Grundwort „wind(en)" angehängt ist, wie zum Beispiel Bischwind oder Kurzewind, deuten auf eine slawische Ansiedlung durch einen fränkischen Herrn hin. Dass bis zur Jahrtausendwende in und um Bamberg eine deutsch-slawische Mischbevölkerung gelebt hat, ist durch archäologische Grabungen bestätigt.

Die Ursprünge

Doch zurück zu Ebern und zu dem, was Stadtchronist Johann Georg Greb um 1870 schrieb:

„Über die erste Entstehung der Stadt Ebern schweigen die vorhandenen diplomatischen Urkunden und zugleich auch die Tradition, nur über den Namen der Stadt hat man so viel Nachricht, dass solcher zunächst aus dem Lateinischen von dem Worte: aper, porcus Sylvester ... um deßwillen hergeleitet sein soll weil in der sehr waldigen Gegend, welche ehedem die Stadt ringsum begrenzte, eine Menge wilde Schweine anzutreffen waren."

Wo die frühesten Eberner gewohnt haben, ist noch nicht ausgeforscht. Es gibt Historiker, die die Urzelle der Stadt in der Rosengasse sehen.

Die Vermutung Grebs wird von Etymologen unserer Zeit gestützt. Danach könnte der Name Ebern auf einen Flurnamen zurückgehen, der auf die Siedlung überging. Es ist möglich, dass dort, wo Ebern heute liegt, während der frühen Besiedlung heilige Eber gehalten wurden. Andere Deutungen sehen den Namensbezug eher zum baskischen Wort „ibar" (Fluss) als gegeben an.

Kehren wir zurück zu den Fakten: Der erste urkundliche Existenznachweis der Siedlung Ebern erfolgte im Jahre 1151 eher indirekt durch den Namen einer Tochtersiedlung. In einer Schenkungsurkunde an das Kloster Banz vom 8. April 1151 wird nämlich der Hof Lützelebern (Kleinebern) genannt – ein Aussiedlerhof von Michelebern oder Großebern, wie man heute sagen würde. Ein weiterer Hinweis findet sich 1203 in einer Urkunde des Bamberger Bischofs Ekbert von Andechs, in der ein „Albertus de Ebern" als Zeuge genannt ist. Die erste unmittelbare Nennung als würzburgischer Hochstiftsort erfuhr Ebern in einer Urkunde vom 27. August des Jahres 1216. Darin versprach der Würzburger Bischof Otto I. seine Hofhaltung einzuschränken und verpfändete dem Domkapitel Einkünfte, darunter solche „apud Ebern" (bei Ebern).

Civitas Ebern

Für die Stadtgeschichte Eberns von besonderer Bedeutung ist das Jahr 1230, als Ebern in einer Urkunde des Würzburger Bischofs Hermann von Lobdeburg, in der er dem Abt Hermann von Banz für zwei Hofstätten „in civitate nostra Ebern" Steuerbefreiung gewährt, erstmals nachvollziehbar als civitas (Stadt) bezeichnet wird.

1230 nehmen die Stadtväter deshalb als Geburtstermin, dessen Wiederkehr gefeiert wird. Ebern war zu dieser Zeit eine aufstrebende Stadt. 1232 wurde Ebern Sitz einer eigenen Pfarrei, der 31 umliegende Orte sowie die Burgen Raueneck und Rotenhan zugewiesen wurden „nebst der darin liegenden Kirchen und sich aufhaltenden Leute" mit allen Rechten und Einkünften der Orte.

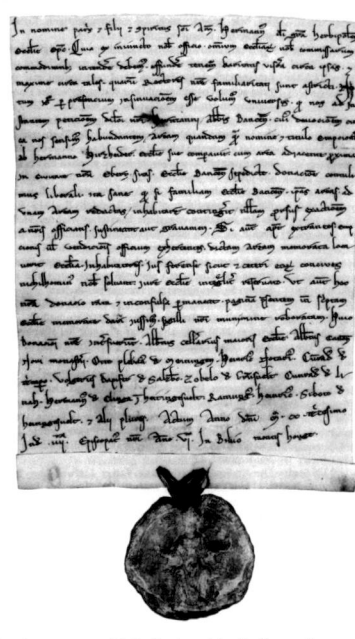

In der neunten Zeile findet sich die Formulierung „in civitate nostra Ebern", wodurch die Nennung Eberns als Stadt belegt ist. Das Original befindet sich im Bayer. Hauptstaatsarchiv München.

Stadtrechtsverleihung

Als Treuelohn und Verpflichtung zugleich erhielt Ebern am 30. Mai 1335 von Kaiser Ludwig dem Bayern das Stadtrecht und damit die bedeutenden Privilegien zur Befestigung der Stadtgrenzen, zur Ausübung einer eigenen Hochgerichtsbarkeit, das Recht zur Zolleinnahme und auch einen Wochenmarkt abzuhalten. Mit dieser Förderung wurde gleichzeitig Eberns Weg für die Zukunft fundiert. Mit dem Jahr 1335 begann ein Zeitraum höch-

Festumzug anlässlich des 775-jährigen Stadtjubiläums.

ster Prosperität, die den Bischof Gerhard von Würzburg 1382 veranlasste, zur Minderung seiner Verschuldung bei den „lieben burgern zu Ebern" 9.500 Pfund Heller als Anleihe aufzunehmen. Doch bei der einen Anleihe blieb es nicht. Im Verlauf von zwölf Jahren wurden die Eberner noch einige Male zur Kasse gebeten. Gegen solche andauernden finanziellen Forderungen und Belastungen und gegen „andere vielfältige Bedrückungen" durch den bischöflichen Landesherrn schloss sich Ebern 1396/97 in Schweinfurt dem Elfstädtebund an, kehrte aber klugerweise am 1. September 1399 unter den Bischofsmantel zurück, was der Stadt eine blutige Niederlage ersparte.

Der große Stadtbrand und Wiederaufbau

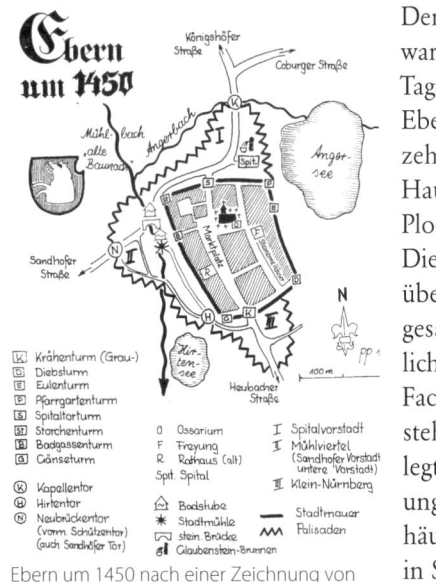

Ebern um 1450 nach einer Zeichnung von Günter Lipp.

Der 26. April 1430 war der schwärzeste Tag in der Geschichte Eberns. Abends um zehn Uhr brach im Haus des Heinrich Ploch ein Brand aus. Die Feuersbrunst übertrug sich auf die gesamte, hauptsächlich aus Holz- und Fachwerkbauten bestehende Stadt und legte bis auf die Freyung und zwei Bürgerhäuser nahezu alles in Schutt und Asche. Auch die Pfarrkirche muss beim Brand schwer in Mitleidenschaft gezogen worden sein. Vermutlich als Spätfolge stürzte 1456 ein Teil des Gewölbes ein. Dazu Stadtchronist Greb:

„Im Jahre 1456, am Mittwochen, vor dem Christtage, eine Stunde in der Nacht, ist die dahiesige Pfarrkirche zum Hl. Laurentius eingefallen und hat den Kirchner Thomas Friedrich erschlagen... ." Es brach eine harte Zeit für Ebern an. Doch die Bürger verzagten nicht, sondern bauten innerhalb von sechs Jahrzehnten ihre Stadt mit finanzieller Unterstützung des Adels und der Würzburger Fürstbischöfe wieder auf. Eine Rechnung über den Bau der südwestlichen Stadtmauer gibt einen verlässlichen Hinweis darauf, dass auch die endgültige, sehr wehrhafte Stadtbefestigung in dieser Zeit entstanden sein muss. Die bis zu zehn Meter hohe und bis zu zwei Meter dicke Stadtmauer soll nach ihrer Fertigstellung in ihrem unregelmäßigen Rechteck von 260 Metern Länge und 185 Metern Breite rund 53.000 Quadratmeter umschlossen haben. 1457 baute

Ein Stück der hölzernen Wasserleitung, die beim ehemaligen Glaubenstein-Brunnen gefunden wurde, ist im Heimatmuseum zu besichtigen.

Ebern die erste Holzwasserleitung von der Lützeleberner Quelle zu den städtischen Lauf- und Pumpbrunnen. Sie tat mehr als 400 Jahre ihren Dienst. Das natürliche Gefälle von etwa 30 Metern reichte für den notwendigen Wasserdruck aus. Vom Brunnen am Marktplatz wurden mehrere Nebenbrunnen gespeist. Die Rohre, die für die über 2 km lange Zuleitung nötig waren, wurden aus Kiefernstämmen gefertigt. Man sägte die Länge zurecht und höhlte dann jedes Stück in mühsamer Handarbeit mit dem Naben-bohrer aus. Durch die luftdichte und frostsichere Lage der Holzröhren unter der Erde war ihre Haltbarkeit fast unbegrenzt. Die letzte Holzrohrleitung wurde in Ebern 1838 verlegt. Als man 1859/60 die Holzröhren durch gusseiserne ersetzte, hatte Ebern zehn öffentliche Laufbrunnen. 1896 forderten 40 Eberner Bürger in einer Eingabe eine moderne Wasserleitung mit einem Hochspeicher, öffentliche Ventilbrunnen und Hauswasserleitungen. Dieser Antrag wurde 1911/12 nach der zusätzlichen Erschließung von Quellen im Spitalwald verwirklicht.

Ebern im Bauernkrieg

Ein weiteres Mal opponierten die Eberner gegen ihren Landesherrn. Im März 1525 erhoben sich Bauern und Bürger Eberns im Bauernkrieg und organisierten den „Eberner Bauernhaufen", der sich mit dem von Seßlach zusammenschloss und sehr bald von sich wegen seiner Taten reden machte. Lorenz Fries, der Chronist des Bau-

„Uf denselben Montag (8. Mai 1525) haben die von Ebern und Sesslach mit ainander ain monichshoflein, Tampach genant, eingenomen; dobey mogen bey dreyssig bauren gewesen sein. Dinstag nach Jubilate (9. Mai) haben die burger zu Ebern ein schlossle, Gereut genant, eingenomen, geplundert und ausgeprant. Desgleichen mitwochen nach Jubilate haben die von Ebern ein schlossle, Cleussdorf genant, geplundert und ausgeprant." (L. Fries)

ernkrieges in Ostfranken, berichtet über die ersten drei Unternehmungen der Eberner. In der Folge erstürmte der „Eberner Bauernhaufen" im Verein mit dem „Weisach-Haufen" des Maroldsweisacher Wirtes Heyer die Burgen Altenstein und Lichtenstein. Auch die Schlösser in Burgpreppach, Weißenbrunn und Leuzendorf sowie in Fischbach und Eyrichshof wurden erobert und ganz oder teilweise eingeäschert. Aber die Bauernsache ging verloren und die Bestrafung des Landesherrn war hart. Bischof Konrad von Thüngen ließ elf der Anführer am 26. Juni 1525 auf dem Eberner Marktplatz in der Nähe des Neptunbrun-

Ironie des Schicksals: Dort, wo die elf Anführer des „Eberner Bauernhaufens" hingerichtet wurden, findet heute monatlich ein Bauernmarkt statt.

nens hinrichten. Er konfiszierte das Eberner Ratssilber und die teuer erkauften Freiheitsbriefe. Im Stadtarchiv wird noch die bischöfliche Vorlage des Unterwerfungsreverses aufbewahrt, nach der die Eberner mit erhobenem Finger zu schwören hatten „Sr. Fürstlichen Gnaden und Dero Nachfolgern Nutzen zu mehren, Schaden abzuwenden und alles zu tun, was getreue Untertanen ihrem Herrn von Recht und Billigkeit wegen zu tun schuldig waren".

Echterzeit

Als Julius Echter von Mespelbrunn 1573 den Würzburger Bischofs- stuhl bestieg, erwies sich das für die Stadt Ebern als großes Glück. Die Wappen Echters am Eberner Rathaus, am Grauturm und an

In der Amtszeit Echters wurden Gänse- und Grauturm erhöht.

der Kanzel der Pfarrkirche bekunden noch heute, dass Ebern in diesem Fürstbischof einen großen Freund und Förderer besaß. Seit 1583 begann Julius Echter großzügig die Bauvorhaben der Stadt und der Pfarrei zu fördern. So konnten die Eberner die drei südlichen Stadttürme er- höhen sowie das jetzige Rathaus und den Pfarrhof bauen. Darüber hinaus entstanden etliche Bürgerhäuser, die bis heute erhalten sind. 1615 bestätigte er der Stadt die vier Jahrmärkte am Johannes-, Laurentius-, Ägidien- und am Elisabethen-Tag.

Der Dreißigjährige Krieg

Bereits 1620 war der Baunachgrund infolge seiner zentralen Lage Durchzugsgebiet verschiedenster Heeresteile. Den Bibra'schen Reitern folgten die Truppen des Obristen di Grano und die Schönberg'schen Reiter. Mit letzteren kam die Pest 1626 nach Ebern. Einquartierungen, Plünderun- gen, Brandstiftungen und eine große Hungersnot prägten das Leben der Eberner besonders zwischen 1631 und 1634. In einem Schreiben des Amtskellers Krüger vom 7. April 1634 heißt es:

*„**Am Dienstag** den 1. April umb 12 Uhr sind etliche Truppen Reuter, in die 200 Pferdt und Menschen und bey die 30 Wagen, mit Gewalt an Ebern gefallen, die Thor und Schranken aufhauen und nicht allein die Burghäußler, sondern auch die kellerey oder Ambthauß, der salva Quardi und mein Flehen und Bitten ohngeachtet, aufgeschlagen, ... Deß anderen Morgens am 02. April sind über 200 Menschen herbeigezogen und was sie am ersten Tag über gelassen, folgendts alles an allerley Getraidt, Vieh, Haußrath und Getränk mit sich genommen ... und alles ausgeraubt. Kurz, vom 1. bis 5. April ist Ebern fünfmal geplündert worden. Ja, es wird gedrohet, Ebern und Rentweinsdorf wegzubrennen ... .“*

Ein anderer Bericht meldet, dass „der dritte Teil des Städtchens Ebern abgebrannt ist“.

Am Ende des Krieges 1648 bot Ebern ein Bild der Verwüstung und Zerstörung. Die Einwohnerschaft war auf nahezu ein Viertel zusammengeschmolzen. Noch schlimmer hatte es die Orte vor den Mauern Eberns getroffen, von denen viele menschenleer oder wie Fischbach, Heubach oder Höchstädten bis auf wenige Einwohner dezimiert waren. Andere waren für immer Wüstungen geworden.

Wiederaufbau

Angesichts der Not und immensen Zerstörung ging der Wiederaufbau nur langsam vonstatten. 1685 erfährt Ebern

durch die Verlegung des bischöflichen Amtes Raueneck in die Stadt (in das heutige Sparkassengebäude) wiederum eine Aufwertung. In den Jahren 1687-1692 wurde das stark beschädigte Rathaus gründlich renoviert und dabei teilweise neu gestaltet. Um 1700 ließ Bischof Johann Philipp von

Der um 1700 erbaute Schüttboden beherbergt heute vor allem die Verwaltungsgemeinschaft Ebern mit Sitz des 1. Bürgermeisters der Stadt Ebern. 2006-08 wurde das so genannte Ämtergebäude generalsaniert.

Greiffenclau den mächtigen Schüttboden fertigstellen, der heute als Ämtergebäude dient. 1722 schließlich wurde das heutige Finanzamt als Amtshaus für die bischöflichen Verwalter gebaut. Es ging wieder aufwärts. Zum Glück erfuhr Ebern in den Napoleonischen Kriegen keine weiteren Zerstörungen, nur von Einquartierungen und harten Kontributionen blieb die Stadt auch 1805 bis 1808 nicht verschont. Nach und nach hielt im 19. Jahrhundert der Fortschritt Einzug in die Stadt: 1896 fuhr der erste Eisenbahnzug in den neuen Bahnhof ein, 1898 gab es in der Stadt bereits 17 Telefonanschlüsse und 1911/12 wurden die öffentlichen Brunnen durch Hauswasseranschlüsse ersetzt. Die ehemals bäuerliche und kleinbürgerliche Amts- und Kreisstadt entwickelte sich Schritt für Schritt zu einer selbstbewussten Kleinstadt, die stolz auf eine lange Tradition zurückblicken kann. Wie schön, dass sich Ebern, die Stadt mit dem schönsten Kegelspiel Frankens, dabei bis heute ihr mittelalterliches Aussehen bewahrt.

Der schöne Altstadtbereich lädt Besucher zu einer Rast ein.

Alte und neue Geschichte auf einen Blick

1151	Das urkundlich erwähnte Lützelebern (Kleinebern) setzt ein Großebern voraus.
1230	Ebern wird erstmals nachweislich als civitas (Stadt) bezeichnet.
1231	Erstmals werden ein Stadtgericht und ein Schultheiß in Ebern bezeugt.
1232	Ebern wird von der Urpfarrei Pfarrweisach getrennt und zur selbständigen Pfarrei.
1335	Die Civitas Ebern erhält von Kaiser Ludwig dem Bayern die Stadtrechte.
1352	Das Spital wird erbaut.
1430	Der große Stadtbrand legt fast die ganze Stadt in Schutt und Asche.
1491	Die spätgotische Stadtpfarrkirche wird in der heutigen Form wieder hergestellt.
1525	Der Eberner Bauernhaufen zieht in den Krieg. 11 Anführer werden am 26. Juni hingerichtet.
1631/34	Zahlreiche Bürgerhäuser und öffentliche Gebäude werden im Dreißigjährigen Krieg zerstört.
1687-1692	Das Rathaus wird teilweise neu gebaut.
1814	Ebern wird mit dem Großherzogtum Würzburg dem Königreich Bayern zugeschlagen.
19. Jhd.	Ebern erhält mehrere Ämter (Amtsgericht, Zollamt, Rentamt).
1896	Die Lokalbahnstrecke Ebern-Breitengüßbach-Bamberg wird eröffnet.
1940	Das Kugelfischerwerk wird errichtet.
ab 1951	Grundschule, Realschule, Gymnasium und Hauptschule werden gebaut.
1962	Einzug der Soldaten in die neu erbaute Kaserne.
1971-1978	16 vormals selbstständige Gemeinden werden in die Stadt Ebern eingegliedert (Gemeindegebietsreform).
1972	Ebern verliert den Sitz als Kreisstadt und wird in den Landkreis Haßberge eingegliedert.
1978	Beginn der Altstadtsanierung, die noch andauert.
1980	750-Jahrfeier
1983	Die Kreislandwirtschaftsschule wird zur Meisterschule für das Schreinerhandwerk umgebaut.
1992	Einweihung des Alten- und Pflegeheims St. Elisabeth auf dem Gelände der Julius-Pfründner-Spitalstiftung.
2004	Schließung der Bundeswehrkaserne.
2005	775-Jahrfeier

Das Stadtwappen

Das Eberner Wappen
und das Geheimnis der halben Sau

Wie kommt die Wildsau ins Eberner Wappen? Und warum nur eine halbe? Um den Ursprung des Eberner Stadtwappens ranken sich vielerlei Erklärungen und interessante Geschichten. Sogar eine recht amüsante Sage beschäftigt sich damit, doch handelt es sich dabei

Das offizielle Eberner Wappen heute.

um eine so genannte Kunstsage, deren Wahrheitsgehalt getrost angezweifelt werden kann. Einig sind sich die der Heraldik Kundigen, dass es sich beim Eberner Wappen um ein „redendes" Wappen handelt; eine sprechende Darstellung also. Viele Familien- und Gemeindewappen stellen den Namen bildlich dar, wobei sie vor allem auf den Klang des Namens Bezug nehmen und nicht unbedingt auf die eigentliche Bedeutung.

Bei den Ebern

In Kommunal- und Territorialwappen werden häufig Tiere verwendet, die in der Region als heilig angesehen werden

oder oft vorkommende oder symbolische Landestiere sind. Im Heimatführer des Hauptlehrers Willy Bergmann aus dem Jahr 1975 heißt es dazu, dass Ebern (ahd.; ebur „bei den Ebern", Hist. Ortsnamenbuch von Bayern und Unterfranken) „etwa um 1450 in sein Stadt-Wappen, das bis dahin wahrscheinlich

Wildschweine sind in den Wäldern rund um Ebern häufig anzutreffen.

mit dem Stadt-Siegel identisch war, in richtiger Deutung des Ortsnamens, keinesfalls aber in Anlehnung an die Sage von der Eberjagd und -teilung, den halben Eber als sein Wappentier aufgenommen hatte". Laut dem Historischen Atlas von Bayern soll die Stadt aber schon seit der Rechtsverleihung 1335 einen Eber im Wappen tragen. Auf Siegeln in Schriftstücken soll sich der halbe Eber über der einbogigen, gemauerten Brücke mit Geländer erstmals 1809 im Siegel- und Wappenbild übereinstimmend finden. An dieser Konzeption orientiert sich auch das heutige Stadtwappen.

Stadtwappen an der Kanzel der Stadtpfarrkirche, von 1583.

Pars pro toto

Doch noch einmal zurück zur halben Sau: Dazu gibt es die eingangs schon erwähnte Sage, die ich als erheiternde Lektüre empfehle. Und ich fand eine interessante Erklärung neueren Datums des derzeitigen Kreisheimatpflegers Günter Lipp, die im März 2005 in der örtlichen Presse veröffentlicht war. Lipp schreibt: „Aber wenn die Geschichte fantasiert ist, warum hat dann Ebern nur eine halbe Sau im Wappen? Jetzt tritt der Heraldiker auf und sagt auf lateinisch „Pars pro toto!", „der Teil für das Ganze". Um die Figur im Schild größer zu machen, das Wesentliche an ihr hervorzuheben, wird nur das Wichtige von ihr dargestellt. Der Kopf, die Hauer, die Hämmer – das kennzeichnet einen Eber. Das Hinterteil ist vielleicht für die Feinschmecker interessanter, aber das Vorderteil macht mehr her. So war es schon auf der allerersten Darstellung des Stadtwappens und so soll es auch bleiben." Dem ist auch von meiner Seite nichts hinzuzufügen.

Zur Sage von der Eberner Wappen-Sau gibt es verschiedene Fassungen. Hier die in den „Geschichten und Sagen des Eberner Raumes" von Hauptlehrer Willy Bergmann. Danach soll ein K. Weber die Kunstsage 1930 wie folgt berichtet haben:

Die Sage um das Wappen von Ebern

„Die Eberner Bürger zogen zur Saujagd aus. Sie jagten in den Zeilbergwäldern und verwundeten einen mächtigen Eber. Das weidwunde Tier floh aber noch weit, bis es die Schweißhunde verendet fanden und verbellten. Als die Jäger aus Ebern das erlegte Wild endlich entdeckten, standen aber schon Seßlacher Bürger dort und beanspruchten die wertvolle Jagdbeute, weil sie auf Seßlacher Grund und Boden lag. Als man erkannte, dass der tote Eber beiden Parteien einen rechten Possen gespielt hatte, indem er sich sein Sterbeplätzchen genau an der Grenze ausgesucht hatte, so dass das Vorderteil auf die Eberner, das Hinterteil jedoch auf Seßlacher Besitz zu liegen gekommen war, kam ein Vergleich zustande. Man teilte die Beute. Jede Stadt bekam einen Teil des Ebers, der auf ihrer Seite lag. Seitdem führen beide Kleinstädte einen halben Eber im Wappen – Ebern das Vorderteil und Seßlach das Hinterteil." Soweit die Sage. Belegt ist jedoch durch eine Veröffentlichung in „Die Wappen der oberfränkischen Landkreise und Gemeinden" von K. Stadler (1963) über eben dieses Wappen der Stadt Seßlach eine andere Wahrheit. Danach ist für Seßlach bereits seit 1359 als erstes Stadtsiegel eine Darstellung des Heiligen Johannes mit dem Gotteslamm auf einer Scheibe bekannt, woran sich das Wappen der Stadt anlehnt. Das würde auch besser zur Definition des „redenden" Gemeindewappens passen.

Das Kegelspiel

Das Eberner Kegelspiel
und was sich dahinter verbirgt

Es gibt das Hessische Kegelspiel in der nördlichen Kuppenrhön und das Herrgotts Kegelspiel im baden-württembergischen Hegau. Beides sind kegelförmige Bergrücken, jeweils neun an der Zahl. Ein Kegelspiel wie das Eberner ist dagegen einmalig, auch wenn der Slogan „Frankens schönstes Kegelspiel" suggeriert, es gäbe da noch andere, weniger schöne. Als zeitweilig passionierte Keglerin habe ich mich, als ich vor etlichen Jahren nach Ebern zog, natürlich gefragt, was es mit der Bezeichnung „Frankens schönstes Kegelspiel" auf sich haben könnte.

Auf der Lithographie, die Ebern wahrscheinlich um 1830 zeigt, sind neben Grauturm, Diebsturm, Pfarrgarten- und Storchenturm auch noch der Bad-gassen- und der Eulenturm zu sehen. Der Spitaltorturm wurde bereits 1822 abgerissen. Der Blick richtet sich hier von Nordosten auf die Stadt. Lithographie von J. Rössert, Bamberg, nach einer Handzeichnung von P. Zinck. Das Original wird unter der Signatur V.C.15m in der Staatsbibliothek Bamberg aufbewahrt. Die Lithographie wurde 1967 als Weihnachtskarte gedruckt.

Dass es sich dabei um die Stadttürme handelt, war mir nicht sofort bewusst. Vielleicht auch, weil nur noch sechs der ehemals neun Türme erhalten sind. Aber die machen in der Tat den besonderen Charakter und den außerordentlichen Charme der Stadt aus. Es ist offensichtlich, dass die Eberner auf ihr (verkleinertes) Kegelspiel wirklich stolz sind. Wie Kreisheimatpfleger Günter Lipp in einem seiner Heimatbeiträge mit dem Titel „Türme im Eberner Land" feststellt, „empfinden die Eberner die verbliebenen

Türme heute als ein Geschenk der eigenen Geschichte, das erhalten und gepflegt werden muss".

So stehen die noch vorhandenen Türme mittlerweile alle unter Denkmalschutz und sind fachmännisch und liebevoll restauriert. Es lohnt sich, diese Kleinodien spätmittelalterlicher Stadtbefestigung entweder auf eigene Faust oder im Rahmen einer organisierten Stadtführung genauer unter die Lupe zu nehmen.

Bei der Tourist-Information Ebern (Rittergasse 3, Tel. 09531/62914) ist neben diesem Buch auch gezieltes Informationsmaterial für Altstadtrundgänge erhältlich. Auskünfte zu Stadtführungsterminen und Konditionen erteilt man gerne auf Nachfrage.

Da waren's nur noch sechs

Die spätmittelalterliche Stadtbefestigung Eberns schmückten einst acht Türme, die strategisch perfekt in das Rechteck der Stadtmauer integriert waren:

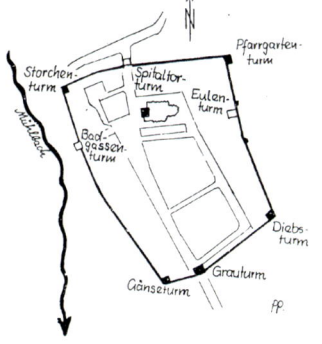

Skizze mit den Standorten der Eberner Türme. Zeichnung v. Günter Lipp.

Eine Skizze mit den Standorten der Eberner Türme.

der Gänseturm an der Südwest-Ecke,
der Diebsturm an der Südost-Ecke,
der Grauturm als südliche Pforte,
der Storchenturm an der Nordwest-Ecke,
der Pfarrgartenturm an der Nordost-Ecke,
der Spitaltorturm als nördliche Pforte,
der Badgassenturm an der Westseite und
der Eulenturm an der Ostseite.

Zusammen mit dem Turm der Stadtpfarrkirche St. Laurentius, dem gleichzeitig höchsten, war das Kegelspiel komplett. Drei Türme wurden im 19. Jahrhundert im wahrsten Sinne des Wortes, aber nicht ganz regelgerecht, abgeräumt. Vor allem handfestes materielles Interesse machten die Chronisten als Beweggrund für den Abriss aus. Die Steine waren billiges Baumaterial, das sich zudem noch verkaufen ließ. Auch war das Sicherheitsbedürfnis der vergangenen Jahrhunderte im bürgerlichen Zeitalter einem Drang nach Öffnung und Veränderung gewichen. Dazu schreibt Günter Lipp: „Das Abräumen begann 1822, als der Magistrat der Stadt beschloss, den Marktplatz zum ersten Mal zu pflastern. Da sorgte man für freie Fahrt nach Norden hinaus und legte den Spitaltorturm samt Türmerwohnung und Wachhaus ein." Das ging scheinbar so gründlich vonstatten, dass heute an dieser Stelle nicht mehr die geringste Spur vom Turm zu erkennen ist. Die Steine des Turms, oder zumindest ein großer Teil, sollen übrigens für die Pflasterung verwendet worden sein, die sich aber (leider) nicht bis in die Jetztzeit halten konnte. Dem Abriss knapp entging dagegen der Grauturm, von dem 1837 „nur" das eiserne Fallgatter entfernt wurde.

Vier Türme des Kegelspiels sind auf der aktuellen Stadtansicht auf Anhieb zu erkennen. Von rechts nach links: der kleine Gänseturm, der große Grauturm, der Diebsturm und ganz links der Turm der Stadtpfarrkirche.

Ein malerischer Blick auf König und Storch: Der Turm der Stadtpfarrkirche und der Storchenturm.

Fränkische Renitenz

Den Franken wird bis heute eine gewisse Renitenz gegenüber der Obrigkeit nachgesagt. Im Fall der abgebrochenen Stadttürme bewegten sich die Eberner sogar jenseits königlicher Verbote. So schreibt Günter Lipp in seiner Veröffentlichung über „Türme im Eberner Land": „Das zuständige Landgericht hatte bereits im April 1818 festgestellt, das geplante Einreißen des Spitaltorturms sei nur zu vertreten, wenn „eine Verschönerung an die Stelle des selben gesetzt" würde. Und König Ludwig I. von Bayern verbot 1824 ausdrücklich den Abriss von Türmen und Stadtmauern, der in dieser Zeit in vielen bayerischen Städten um sich gegriffen hatte. 1832 ordnete der König an „Tore, Türme und Ringmauern nicht nur zu erhalten, sondern deren Schadhaftigkeit auch alsbald zu reparieren und sie künftig stets zu schützen". Für den Spitaltorturm kam das Dekret zu spät. Die beiden anderen Türme wären mit etwas Abwägen und Einsicht in die (manchmal doch vorhandene) Weisheit der Obrigkeit noch zu retten gewesen. Schade drum!

Unvernunft und Eigennutz

Ganz anders erging es dem Eulenturm, der an der Süd-ostecke des Pfarrhofs innerhalb der Mauer stand. Sein Abbruch erfolgte 1878 „ohne Sinn und Zweck aus Unvernunft und Eigennutz". So schrieb jedenfalls Ehrenbürger Karl Hoch, der als Lehrer und Heimatpfleger von 1917 bis 1967 in Ebern wirkte. Das Abbruchmaterial des Eulenturms soll übrigens für 138 Mark verkauft worden sein.

1 Am Ende der Badgasse stand bis 1880 der Badgassenturm.

Heute lässt sich der ehemalige Standort nur noch durch einen Absatz in der Mauer erkennen. Und noch ein weiterer Turm wurde aus Unverstand und wegen des schnöden Mammons geschliffen. Der Badgassenturm, der die Westseite sicherte, musste 1880 dran glauben, weil, so Karl Hoch, „die hölzernen Thore bei Wind und Wetter großen Krach machten." Er bildete einst den Durchlass zu den beiden Badstuben und der Stadtmühle. Das Bild der Kreuzigung Christi, das wohl einmal über dem Durchlass hing und später verfiel, wurde erneuert und ist heute wieder in der Badgasse anzuschauen.

Als Orientierung dient der Altstadt-Plan auf der ausklappbaren vorderen Umschlagseite. In den Plan wurden die besonderen historischen Stationen, die in diesem und anderen Kapiteln vorgestellt sind, eingezeichnet. Beachten Sie die roten Punkte.

Türme und Türmer

Sechs Türme und ein Türmer
hört ihr Leut und lasst euch sagen ...

Sechs Türme des Eberner Kegelspiels haben die
Wirrungen der Jahrhunderte überstanden und
stehen heute dank des Engagements von Stadtvätern,
Verschönerungs- und Erhaltungsvereinen, Denkmal- und
Heimatpflege sowie zahlreichen Einzelpersonen als wahre
Kleinode im Stadtbild. Ihre Instandhaltung hat sich die
Stadt Ebern als Besitzerin über die Jahre einiges kosten
lassen; und das hat sich gelohnt, denn so sind die Eberner
Türme und ihr Türmer eine Attraktion für Besucher aus
nah und fern.

Nachtwächter- und Türmertreffen im Juni 2005 anlässlich der 775-Jahrfeier
der Stadt Ebern.

Wenn zu besonderen Anlässen das Büffelhorn von Armin
Dominka, seit 1985 Eberns ehrenamtlicher Stadttürmer,
vom Grauturm erschallt und er seinen Türmerspruch
„Hört ihr Leut und lasst euch sagen ...“ anstimmt, fühlt
sich mancher Zuhörer in eine andere Zeit versetzt. Nach
althergebrachter Manier mit Ratsmantel, Kniebundhose
und weißen Strümpfen bekleidet und auf dem Kopf
natürlich den traditionellen Spitzhut, führen Armin
Dominka oder einer seiner beiden Gesellen – nach
Anmeldung versteht sich – auch gerne einmal die ein oder
andere Gruppe zu den Wahrzeichen der Stadt und haben

dabei so manche auch für eingesessene Eberner neue Geschichte zu erzählen. Den letzten offiziellen, das heißt bei der Stadt in Lohn und Brot stehenden, Stadttürmer soll es in Ebern zur Wende zum 20. Jahrhundert gegeben haben. Der hatte seine Schlaf- und Wachstube im Grauturm und musste die Straßen zur Stadt im Auge behalten und vor Feuer in Ebern und den nahen Dörfern warnen. Es war seine Pflicht, in der Nacht „jede Stund auf 4 Seithen aus zu Blasen und die Uhr schlagen zu lassen" und bei Gefahr die Sturmglocken in der Spitze des Turms zu läuten.

Der Grauturm

Der Grauturm, der einst Kroenturm (Krähenturm) geheißen haben soll, was sich wohl im Dialekt zum heutigen Namen wandelte, ist unbestritten das bauliche Wahrzeichen der Stadt Ebern. Zu seinem Baujahr habe ich unterschiedliche Jahresangaben gefunden. Wahrscheinlich wird er aber um 1350 in der Mitte der südlichen Stadtmauer erbaut worden sein. Am 1. Dezember 1979 wurde er nach einer umfangreichen Restaurierung der Öffentlichkeit wieder zugänglich gemacht. Motor dafür war Eberns Bürgerverein, der die Stadtverantwortlichen davon überzeugte, den

❷ Der Grauturm gehört mit seinen rund 41 Metern zu den höchsten erhaltenen Tortürmen Bayerns.

❸ Nur wenige Schritte vom Grauturm entfernt, Marktplatz 42, befindet sich in einem schlichten ehemaligen Bürgerhaus seit 1974 das Eberner Heimatmuseum.

Die Spieluhr mit den Blechfiguren „Engel und Tod" ist seit 1979 wieder in Aktion.

Turm im Inneren wieder begehbar zu machen (es führt eine gut gehbare, breite Holztreppe nach oben) und vor allem auch die Anfang des 18. Jahrhunderts über der Schieferhaube eingebaute Spieluhr mit den weithin sichtbaren Blechfiguren „Engel und Tod" wieder instand setzen zu lassen. Seitdem schlägt der Engel wieder die Viertelstunden, der Tod die ganzen. 1945 retteten die Eberner „ihren Grauturm" vor der Zerstörung durch die amerikanischen Truppen, indem sie ein daneben

Der Engel und der Tod auf dem Grauturm

Heimatdichter Josef Lichtenebert (1858-1922), Ebern:

Zu Ebern im Baunachgrunde, da stehet ein alter Turm
mit einem alten Uhrwerk, das trotzte der Zeiten Sturm.
Zwei Glocken sind in dem Turme, und vor denselben droht –
ein Engel mit schwerem Hammer und ihm zur Seite der Tod.
Es kündet die Viertelstunden der Engel, die Glocke klingt;
doch dann zur vollen Ganzen der Tod die Sense schwingt.
Da schlagen sie auf die Glocken, dass es gar laut erschallt
und fast wie eine Mahnung im weiten Umkreis hallt.
Da schlagen sie gar gewaltig aufs alte Glockenerz,
als sollte es ertönen in jedes Menschenherz:
Bedenke die Viertelstunden – und acht' des Herrn Gebot;
vielleicht schlägt zur vollen Ganzen für dich schon der kalte Tod.

liegendes Wohnhaus (Hermsdörfer-Haus) bis auf den Grund abtrugen und so die geforderte freie Durchfahrt von Süden in die Kernstadt schufen. Der an dem pittoresken Rundtürmchen, durch das man heute den Grauturm betritt, noch vorhandene Fachwerkaufsatz soll bis 1584 auch den Hauptturm geziert haben. Er wurde wohl auf Anweisung von Fürstbischof Julius Echter (1573-1617) abgetragen und durch zwei steinerne Geschosse ersetzt, von denen eines die ehemalige Wohn- und Wachstatt des Türmers beherbergt. Vom Grauturm aus hat man übrigens den besten Blick auf den Marktplatz und Klein-Nürnberg sowie die übrigen, noch erhaltenen Türme des Kegelspiels und die erhaltene Stadtmauer.

Der Grauturm kann sonn- und feiertags am Nachmittag besichtigt werden. Sonderführungen nach Vereinbarung mit dem Bürgerverein Ebern (Tel. 09531/8839). Karten gibt es im Heimatmuseum nebenan.

Der Gänseturm

Seinen Namen hat der kleine (rund 16 Meter hohe) flankierende Nachbar des großen Grauturms an der Südwestecke der Stadtmauer vermutlich seinem Standort zu verdanken. Ihm zu Füßen lag in den Auwiesen einst der Hirtensee, an den der Hirte der Stadt das Federvieh, darunter wohl viele Gänse, trieb. Heute befindet sich hier eine Parkanlage mit

4 Der Gänseturm ist als Schalenturm zur Stadt hin offen gebaut.

Kinderspielplatz. Nach der Stadtchronik von Johann Georg Greb (1862-1872) wird der „Gänseturm so genannt weil früher in dessen unteren Geschoß ein Gefängnis – die so genannte Gans – war. Hier mochten wohl Schimpfer, Zuvielschwätzer u.d.gl. ihre Strafe erstanden haben", heißt es dort. Vor allem die Bauweise des Gänseturms ist interessant. Er wurde nämlich als Schalenturm mit einer zur Stadt hin offenen Seite konstruiert, die verhindern sollte, dass Eroberer dort Schutz finden konnten. Wie der Grauturm wurde auch der Gänseturm von Fürstbischof Julius Echter um seinen Fachwerkaufsatz gebracht und erhielt stattdessen einen steinernen Wachraum aufgesetzt. Der kann allerdings nicht besichtigt werden, weil er nur mittels einer 10 Meter langen Leiter zu erreichen ist. An der Westseite des Turms ist noch ein Teilstück der 4,50 Meter hohen ehemaligen Stadtmauer zu betrachten, das im Rahmen der Restaurierungsarbeiten am Turm Mitte der achtziger Jahre sorgsam restauriert wurde. In unmittelbarer Nachbarschaft befindet sich ein weiteres Relikt der Vergangenheit, der Wolz'n Garten (nach der

früheren Besitzerin Inge Wolz benannt). Dieses beschauliche Fleckchen Natur, auf dem schon 1617 Wein angebaut worden sein soll, erstreckt sich südlich von Grauturm und Gänseturm. Jedes Jahr im Mai veranstaltet der Eberner Bürgerverein hier ein Frühlingsfest und

Die Hirtengasse verläuft unterhalb der westlichen Stadtmauer und verbindet die Ritter-von-Schmitt-Straße mit Klein-Nürnberg.

verwandelt dabei den Wolz'n Garten in einen lauschigen Biergarten. Der genaue Termin ist bei der Tourismus-Information oder unter www.ebern.de zu erfahren. Auch einen Spaziergang vom Hirtenberg durch die Hirtengasse hinunter zur ehemaligen Stadtmühle sollte kein Ebern-Besucher auslassen, zumal die Gasse seit einigen Jahren für den Durchgangsverkehr gesperrt ist. Der Weg führt vorbei an einigen sehenswerten Fachwerkhäusern des 18. und 19. Jahrhunderts, darunter zwei so genannte Kellerhäuschen.

Der Diebsturm

Dem massiven Protest des 1877 gegründeten Eberner Verschönerungsvereins ist es zuzuschreiben, dass der Diebsturm an der Südostecke der Stadtmauer entgegen einem Magistratsbeschluss von 1880 heute noch steht. Bis zur Einrichtung des Landgerichtsgefängnisses um 1811 verbüßten schwere Verbrecher und solche, die das Leben verwirkt hatten, im ausbruchsicheren Verlies der spätmittelalterlichen „Fronfeste", wie der Diebsturm auch hieß, längere Haftstrafen. Durch eine Öffnung im Inneren des Turms wurde der Gefangene an Seilen und Stricken über mehr als fünf Meter in den winzigen, nahezu dunklen Kerker hinunter gelassen. Das einzige Licht kam aus einer Luke in vier Metern Höhe.

5 Den Schieferhelm, bis zu dessen Ansatz der Diebsturm stolze 20 Meter misst, erhielt er erst zwischen 1710 und 1720. Von hier bis zur Spitze kommen noch einmal fünf Meter hinzu.

Das Gedicht eines unbekannten Autoren über den Diebsturm:

„*Dieses Turmes grau Gesteine Schlimmes sah in alter Zeit; Räubern, Dieben, Mordgesellen stand als Herberg es bereit.*
Kleiner Raum nur unterm Dache. Ein Verließ gar schauderbar; feucht und finster, moderduftig. Wohn- und Sterbezell' es war. Ächzen, Stöhnen, Heulen, Klagen hört noch heut' bei Wind und Sturm mancher im Vorüberschreiten, hallen aus dem alten Turm."

 Wie behauptet wird, sollen die Sandsteine des früheren Land- bzw. späteren Amtsgerichtsgefängnisses, das ganz in der Nähe des Diebsturms in der Rittergasse liegt, von der ehemaligen Richtstätte am Rabenhügel stammen. Nach Schließung des Gefängnisses wurde hier sinnigerweise Ende der fünfziger Jahre das Gesundheitsamt untergebracht. Heute beherbergt das geschichtsträchtige Haus ein Therapiezentrum.

Walk-Strasser-Anlage 7

Die Walk-Strasser-Anlage beginnt am Grauturm und verläuft entlang der Stadtmauer in östlicher Richtung bis zum Diebsturm, dann nordwärts bis zum Pfarrgartenturm, vorbei am Senioren- und Pflegeheim und entlang des Angerbachs bis zur Angerbachbrücke, von wo aus man wieder in die Kapellenstraße und zurück in die Altstadt gelangt. Früher hat die Walk-Strasser-Anlage auch Martinswandelweg geheißen, nach dem Vornamen des Herrn Walk. Martin Walk wirkte von 1869 an als Notar in Ebern und gründete 1877 mit einigen Mitstreitern insbesondere Amtsrichter Strasser den Verschönerungsverein, der den Abriss des Diebsturms verhinderte und die Auffüllung des versumpften Wallgrabens veranlasste, der heute einen Kernbestandteil des Anlagenrings bildet.

Der Pfarrgartenturm

Der Pfarrgartenturm im Nordosten der Altstadt ist wie der Gänseturm im Südwesten ein Schalenturm, also zur Stadtseite hin offen. Heute schützen einige Bretter das Innere gegen Regen und Schnee. Sein romantischer, etwas abgeschiedener Standort am Ende der Pfarrgasse und unmittelbar an der Walk-Strasser-Anlage lohnt einen Besuch. Zumal sich dieser mit einem wunderbaren Spaziergang verbinden lässt, vom Grauturm aus den östlichen Teil des Anlagenrings entlang rund um Ebern. Das schmale und mit etwa neunzehn Metern Gesamthöhe sehr zierlich wirkende Türmchen wurde im Gegensatz zu den Südtürmen niemals aufgestockt. Wegen der fehlenden expliziten Verteidigungsfunktion findet sich auch nur ein nach Norden ausgerichtetes Fenster im obersten Geschoss. Von hier aus konnte man im Mittelalter auf den unteren Angersee mit Angerbach schauen.

⑧ Den romantischen Pfarrgartenturm erreicht man bei einem schönen Spaziergang durch die Walk-Strasser-Anlage.

See und Bach speisten nicht nur den breiten Stadtgraben im Osten mit Wasser, sie bildeten auch eine natürliche Barriere gegen mögliche Angreifer. Vom Pfarrgartenturm aus führte die Stadtmauer, wie sie auf alten Kartendarstellungen eingezeichnet ist, zum Angersee und Angerbach.

Der Storchenturm

Seinen Namen hat der Storchenturm vermutlich von den Störchen, die im sumpfigen Schwanhauser Graben westlich des Mühlbachs einst reichlich Nahrung fanden

und deshalb zumindest im Mittelalter in Ebern zahlreich zu finden waren. Es wird berichtet, dass Ebern lange Zeit mehrere Storchenpaare beherbergte, die erst mit der Verbreitung des Telefons und der damit einhergehenden Verdrahtung so nach und nach verschwanden. Heute, im Zeitalter der Erdkabel, könnten sie eigentlich zurückkommen, doch die einstigen Sumpfgebiete um Ebern sind trocken gelegt und so reicht die Nahrung, die auf den Wiesen zu finden

9 Der Storchenturm zwischen Rosengasse und Ritter-von-Schmitt-Straße an der Nordwestecke der Stadtmauer steht auf einem Privatgrundstück.

ist, wohl nicht für die Aufzucht des Nachwuchses. Der Storchenturm liegt zwischen der heutigen Rosengasse und der Ritter-von-Schmitt-Straße an der Nordwestecke der Stadtmauer. Seinen ursprünglichen Eingang, in fünf bis sechs Metern Höhe gelegen, erreichte man in früherer Zeit über die Stadtmauer. Heute ist der verbliebene Mauerrest wesentlich niedriger. Vielleicht wurde deshalb der Turm vor vielen Jahren an der Ostseite zu ebener Erde aufgebrochen. Mangels Treppen kann man ihn auch nicht besteigen, was nicht ganz so tragisch ist, weil er im Obergeschoss doch keine Fenster, sondern nur Schießscharten hat. Seine vielleicht etwas zu zierliche Schieferhaube erhielt der Storchenturm erst im Barock (Anfang des 18. Jahrhunderts), sie wurde in den fünfziger Jahren erneuert.

Der Turm von St. Laurentius

Während der Grauturm als Wahrzeichen der Stadt Ebern gilt, ist der Turm der Stadtpfarrkirche St. Laurentius mit

ziemlich genau 43 Metern der König im Kegelspiel der Stadttürme. Was auffällt: Der St. Laurentius-Turm ist ein Westturm. Üblicherweise stehen die Kirchentürme aber im Osten. Seine Westlage könnte also ein Indiz dafür sein, „dass er entweder auf älteren Mauern sitzt, oder dass das Langhaus verändert wurde", wie Kreisheimatpfleger Günter Lipp es vermutet. Während das Untergeschoss oder zumindest große Teile davon im 14. Jahrhundert

10 Der 43 Meter hohe Turm der Stadtpfarrkirche St. Laurentius ist der König im Kegelspiel der Eberner Stadttürme.

entstanden sein sollen, stammt der restliche Turm, der aus hellen Sandsteinen aus der Umgebung aufgebaut ist, aus der Zeit nach dem großen Stadtbrand von 1430. Auffällig sind am Turm von St. Laurentius die unterschiedlichen Fensterbögen, oben rund und in den Seitenschiffen spitz. Tatsächlich sind an diesem Turm im Laufe der Jahrhunderte einige Veränderungen vorgenommen worden. So ist das Eingangsportal, wie es heute zu sehen ist, erst um 1720 entstanden. Und auch die Zwiebelkuppel mit den halbrunden Uhrgiebeln wurde erst 1737 aufgesetzt. *Wegen einer Turmbesteigung können sich kunsthistorisch Interessierte mit dem Pfarramt (Pfarrgasse 2, Tel. 09531/206) in Verbindung setzen.* Der Aufstieg befindet sich im Kircheninneren im südlichen Anbau, und zwar im Emporengeschoss. Durch eine schmale Holztür gelangt man ins Turminnere zu einer Wendeltreppe, die nach oben führt. Im vierten Geschoss ist das alte, ausgediente Uhrwerk zu entdecken. Und im fünften, dem Glockengeschoss, beginnt auch schon wieder der Abstieg. Allerdings kann man vorher noch einen längeren Blick auf die Glockenpracht werfen, denn hier oben ist es erfreulicherweise hell.

Neben den in diesem Kapitel vorgestellten Türmen zieren noch einige kleinere das Eberner Stadtbild. Die sieht, wer zum Beispiel vom Grauturm einen Blick auf Ebern wirft. Nicht im Bild ist der Turm der evangelischen Christuskirche, der mit Abstand jüngste der Türme in Ebern.

Gelebter Glaube

Von Kirchen, Bildstöcken
und anderen Glaubensbekenntnissen

Die besondere Bedeutung des christlichen Glaubens für Ebern, vornehmlich des katholischen, kommt nicht zuletzt in der Anzahl der Kirchen und ihrer Ausstattung zum Ausdruck. Allein die Kernstadt Ebern hat drei katholische und eine evangelische Kirche aufzuweisen. Auf dem Berg oberhalb Unterpreppach steht die Heimkehrer-Kapelle St. Barbara, deren Kreuz nachts beleuchtet und im Baunachtal weithin sichtbar ist. Hinzu kommen neun katholische und drei evangelische Kirchen in den Stadtteilen. Die Mehrzahl stammt aus dem 18. Jahrhundert und alle

verfügen über wertvolle und sehenswerte Ausstattungsdetails. Nicht mitgerechnet sind in der Aufzählung die kleineren Kapellen, auch Käppele genannt, von denen einige von dankbaren Bürgerinnen und Bürgern gestiftet wurden.

Schön restauriertes Käppele in Bramberg von 1892.

Schon allein wegen seiner Kirchen ist Ebern einen Besuch wert, mindestens aber sollten sie in keinem Besuchsprogramm fehlen. Und kunsthistorisch Interessierten möchte ich sogar eine Tour d'Horizon unter Berücksichtigung auch der Stadtteilkirchen ans Herz legen. In welchen Stadtteilen Kirchen zu finden sind, ist am Schluss dieses Kapitels aufgelistet. Kurze Angaben zu ihrer Geschichte und ihren Besonderheiten sind unter der Rubrik „Eberns Stadtteile" im jeweiligen Kapitel des entsprechenden Stadtteils zu lesen.

Katholische Pfarrkirche St. Laurentius

Historiker bezeichnen Eberns katholische Stadtpfarrkirche zusammen mit dem angrenzenden Ossarium als das älteste und vornehmste Gebäude der Stadt. Die Baugeschichte der Kirche reicht wahrscheinlich bis ins erste Drittel des 13. Jahrhunderts zurück. Es gibt allerdings auch Hypothesen über einen Gründungsbau im 9. Jahrhundert.

10 Imposante Rückansicht der katholischen Pfarrkirche St. Laurentius.

Sicher ist, dass der heutige Bau im Stil der Gotik 1491 fertiggestellt wurde. Diese Jahreszahl findet sich in der Brüstung der Westempore. In der Neuzeit gab es drei nennenswerte Eingriffe in die Bausubstanz. In der Phase der Barockisierung verlor die Pfarrkirche ihren imposanten spätgotischen Hochaltar, dessen Hauptbild heute im Germanischen Nationalmuseum in Nürnberg zu sehen ist, und sie gewann den prachtvollen barocken Marienaltar im nördlichen Seitenschiff und die Kirchturmzwiebel (1737) sowie das Hauptportal (um 1720). Im 19. Jahrhundert initiierte Pfarrer Leopold Höhl eine Regotisierung, der die Stadtpfarrkirche unter anderem ihren imposanten neugotischen Hochaltar (1888) zu verdanken hat. Die Regotisierung verschlang große Summen, die durch den Verkauf wertvoller Kunstwerke beschafft wurden. Darunter eine Plastik „Anna im Wochenbett", die sich seit 1956 im Metropolitan Museum of Art in New York befindet. Glücklicherweise fielen nicht alle Kunstschätze der Umgestaltung zum Opfer, so dass den heutigen Kirchenbesuchern neben den wunderbaren Altären noch anderes Sehenswertes geblieben ist. Zum

Beispiel die eindrucksvollen Sandsteinarbeiten an der Renaissance-Kanzel. In den Brüstungsfeldern die vier Evangelisten und Christus als Weltheiland. Oder der Taufstein unter der Empore aus dem Jahr 1600. Außerordentlich sehenswert sind außerdem an den Chorwänden die insgesamt fünf Epitaphe, kunstvoll gestaltete Grabmäler der Adelsfamilie von Rotenhan aus der Zeit zwischen 1515 und 1570. Bemerkenswert sind sie auch deshalb, weil es sich um Grabmale von evangelischen Christen handelt.

Den Innenraum der Stadtpfarrkirche schmücken vielerlei Schätze. Darunter der neugotische Hochaltar.

Über dem Hauptportal und auf der Turmspitze begrüßt der Hauptpatron der Stadtpfarrkirche, der Märtyrer-Diakon St. Laurentius, als Standbild jeden Besucher. Im Januar 2004 kam die Kernstadt von Ebern knapp an einer Katastrophe vorbei, die die Angst vor einem Stadtbrand wie im 15. Jahrhundert gegenwärtig werden ließ. Es war wie im Jahr 1430 an einem Abend, als das Feuer in der Stadtpfarrkirche St. Laurentius ausbrach. Pfarrer Manfred Badum hatte vom Pfarrhaus aus einen ungewöhnlichen Feuerschein im Kirchengebäude entdeckt und die Feuerwehr alamiert. Glück in dieser Stunde, dass die Werksfeuerwehr der Firma FTE automotive gerade bei einer Übung war. Durch das schnelle Eingreifen der Feuerwehren aus dem ganzen Stadtgebiet konnte ein Großfeuer verhindert werden. Der rechte barocke Seitenaltar war jedoch den Flammen zum

Opfer gefallen, das Kircheninnere von Ruß überzogen, die wertvolle Vleugels-Orgel beschädigt. Nach zum Teil leidenschaftlich in der Pfarrgemeinde geführter Diskussion wurde entschieden, dass als Ersatz für den Altar ein Aufbau im Geiste der heutigen Zeit entstehen soll. Von der Diözese Würzburg wurde ein theologisch-architektonisches Konzept erstellt, das als Grundlage für einen Künstlerwettbewerb diente. Als bestimmendes Bildthema wählte die Gemeinde die Wirkkraft des Wortes Gottes, da auf dem Altartisch das Evangelienbuch abgelegt werden soll. Als

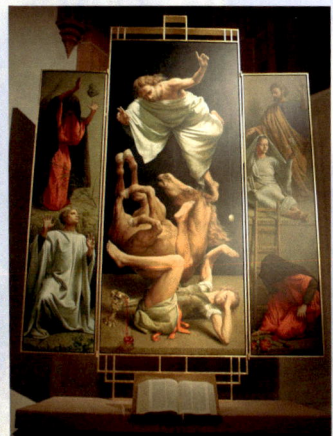

Der neue Seitenaltar der katholischen Pfarrkirche St. Laurentius Ebern.

zentrale Figur dachte man an die Gestalt Abraham, der dem Wort Gottes folgte, sowie Jesus, dessen Botschaft eine neue Welt verheißt. Schließlich wurden fünf Künstler aus der gesamten Bundesrepublik eingeladen. Eine Jury stimmte dem Entwurf des Leipzigers Michael Triegel zu. Die Werke des 1968 geborenen Künstlers befinden sich unter anderem in zahlreichen Privatsammlungen Europas und den USA. Am 29. Juli 2007 konnte der neue Flügelaltar feierlich geweiht werden.

Im geschlossenen Zustand, d. h. in der Advents- und Fastenzeit, zeigt der Altar den Abraham im wohl dramatischsten Moment seines Lebens, als er im Begriff ist, seinen Sohn zu opfern. Ein Bildthema, das heute

Bild des geschlossenen Altares.

in der Kunst nicht mehr auftaucht, da es sehr widersprüchliche Gefühle hervorruft. Als Zeichen des rettenden Eingreifens Gottes ist die Hand Christi zu sehen, die vom Mittelteil des Altars übersteht. Auf der geöffneten Mitteltafel des Triptychons ist die Bekehrung des Paulus, der vor Damaskus vom Pferd stürzt, dargestellt. Statt einer bloßen Stimme aus den Wolken stellt Michael Triegel als Kontrastpunkt zu dem am Boden liegenden Paulus die schwebende Gestalt des Auferstandenen dar. Der linke Flügel zeigt die Steinigung des ersten Märtyrers und Zeugen Christi, Stephanus, durch eine gesichtslose, weil inhumane Gestalt. Als Gegenstück zeigt der rechte Flügel die Auferweckung der Tabea durch Petrus. Während die Seitenflügel relativ ruhig und geschlossen angelegt sind, zeigt der Mittelteil große Bewegung und Dramatik.

Für alle, die sich noch näher mit der Geschichte der Eberner Stadtpfarrkirche beschäftigen wollen, organisiert das Pfarramt (Pfarrgasse 2, Tel. 09531/206) gerne eine sachkundige Führung.

Die Wallfahrt nach Vierzehnheiligen hat in Ebern eine lange Tradition.

Eberner Katholiken unterwegs

Seit 1682/83 zieht alljährlich im Mai eine große Wallfahrt von Eberner Katholiken ins 25 Kilometer entfernte Vierzehnheiligen, zur berühmtesten Kirche Balthasar Neumanns. Das Alter der „Wallfahrt zu den 14 Nothelfern" ist durch den so genannten „Rabschenkel - Bildstock" aus dem Jahr 1700 vor dem Eberner Pfarrzentrum belegt, auf dessen Rückseite die 14 Nothelfer abgebildet sind, die das Christuskind umrahmen. Jüngeren Datums ist die Wallfahrt zum Kreuzberg in der Rhön. Seit 1988 nehmen alljährlich Wallfahrer aus Ebern und Umgebung singend und betend an zwei Tagen die Strapazen des 85 Kilometer langen Fußmarsches zum „Heiligen Berg der Franken" auf sich.

Die Spitalkirche St. Elisabeth

Das kirchliche Leben im spätmittelalterlichen Ebern war geprägt von geistiger Regsamkeit und auffallendem karitativem Engagement. Der mildtätigen Anstrengung des Ehepaares Hedwig und Dietrich Waltmann aus Ebern hat die Stadt die katholische Spitalkirche St. Elisabeth zu verdanken. Sie stifteten 1352 das Pfründnerspital, ein Haus für Arme, Alte und Kranke, und ließen einen Betsaal einbauen. Wann dieser Gebetsraum zur Kirche wurde, ist nicht mehr genau zu ermitteln. Bekannt ist eine Aussage des Archivars Georg Ludwig Lehnes aus der Zeit um 1836/1837, dass die Spitalgebäude samt Kirche 1423 im besten Zustand gewesen sein sollen. Beim großen Stadtbrand 1430 brannten Spital und Kirche nieder, wurden wieder aufgebaut, brannten im Dreißigjährigen Krieg ein weiteres Mal nieder und wurden 1633/34 wiederhergestellt. 1724/25 schließlich wurde die heutige Spitalkirche mit der für den Barock typischen, zwiebelförmigen Kuppel neu erbaut. Beim Eintritt in die von außen eher unprätentiös wirkende Kirche überrascht der figurenreich verzierte Rokokoaltar. Er stammt ursprünglich aus der im 15. Jahrhundert erbauten Pfarrkirche des Eberner Stadtteils Unterpreppach und wurde 1961 in die Spitalkirche gebracht, nachdem die im 2. Weltkrieg schwer beschädigte Unterpreppacher Kirche eingelegt und durch einen Neubau ersetzt worden war.

⓫ Die Spitalkirche St. Elisabeth, wie sie heute zu sehen ist, stammt aus dem Jahr 1724/25.

Der sehenswerte viersäulige Hochaltar zeigt im Zentrum den Gekreuzigten, über dem Gottvater thront. Neben Christus sind die Mutter Maria und der Jünger Johannes platziert, umgeben von den Heiligen Sebastian, Bartholomäus, Wendelin und Rochus. An der linken und rechten Kirchenwandseite befinden sich außerdem die restaurierten Altarbilder und Figuren der Altäre von 1724 bis 1891 und von 1891 bis 1961.

Spitalkirche St. Elisabeth.

Sollte die Spitalkirche verschlossen sein, kann im Pfarramt (Pfarrgasse 2, Tel. 09531/206) für die Dauer der Besichtigung ein Schlüssel geholt werden.

Darstellung des Martyriums der hl. Barbara.

Bildstöcke und Hausaltäre

Wer aufmerksam durch Eberns Altstadt geht, wird an dem einen oder anderen Haus, meist hoch oben, einen Hausaltar hinter Glas oder einen hölzernen, bunt bemalten Bildstock entdecken. So wie den in der Kapellenstraße am Haus Nr. 17, der die Marter der hl. Barbara darstellt. Mit Bildstöcken, meist aus Sandstein, ist auch die Umgebung Eberns reich gesegnet. Zu jedem Bildstock gehört eine Geschichte, ein Anlass, aber nur selten ist darüber etwas Genaues zu erfahren. Die Motive der Stifter waren recht unterschiedlich: Erinnerung, Gedenken und Mahnung an Mord oder Unglück, oder Sühne für anderen zugefügtes Leid, aber auch als Dank für eine glückliche Fügung.

Die Marienkapelle

Auch wenn sie auf dem Gelände des alten Friedhofs steht, wurde die Marienkapelle 1518 nicht als Friedhofskapelle gebaut. Sie befand sich schon fast dreihundert Jahre vor der Anlage des Friedhofs an dieser Stelle und es gibt sogar einen urkundlichen Beleg aus dem Jahr 1438, dass dort zuvor bereits eine andere Kirche stand. Die Marienkapelle ist den Heiligen Georg und Vitus geweiht, deren Figuren im Innenraum in den seitlichen Durchlässen stehen.

12 Marienkapelle.

Während der Baukörper der Kapelle von außen einen eher nüchternen spätgotischen Charakter wahrt, bietet die Inneneinrichtung ein interessantes und reiches Abbild des frühen Rokoko. Sehenswert sind die prachtvollen, reich verzierten Rokokoaltäre von 1745/47. Über dem Hauptaltar steht in einem kleinen Schrein über dem Tabernakel das sagenumwobene Vesperbild „Maria im Rückgraben". Ihr soll die Marienkapelle der Sage nach ihren Standort zu verdanken haben. Die beiden nicht minder anmutigen Seitenaltäre zeigen auf der linken Seite das Martyrium der

Innenansicht der Marienkapelle mit wunderschönen Seitenaltären.

heiligen Barbara, die von den Statuen der heiligen Ursula und Apollonia flankiert wird, und auf der rechten Seite die Marter des heiligen Johannes Nepomuk, flankiert von den Figuren der Heiligen Aquilin und Karl Borromäus. Übrigens findet sich im Chor neben den Wappen des Fürstbischofs von Bibra, der Freiherren von Rotenhan und der Stein von Altenstein auch das der Stadt Ebern, was einige Chronisten als Beleg für das Alter des Stadtwappens herangezogen haben.

Für die Besichtigung der Marienkapelle kann das Pfarramt (Pfarrgasse 2, Tel. 09531/206) kontaktiert werden. Gerne ist man hier wegen einer sachkundigen Führung behilflich.

Die evangelische Christuskirche

Die evangelische Christuskirche ist der jüngste Kirchenbau in Eberns Kern und die erste protestantische Kirche in der Stadt Ebern überhaupt. Zuvor mussten die Kirchgänger am Sonntag nach Eyrichshof zum Gottesdienst. Die Weihe der evangelischen Christuskirche am 30. November 1958 beglückwünschte der damalige Bundespräsident Theodor Heuss mit dem Bibelwort:

„Ich bin der Herr, was ich rede, das soll geschehen.“

Bis zum Entstehen einer evangelischen Gemeinde hatten Eberns Protestanten einen langen, schwierigen Weg zurückzulegen. Er reicht bis zum Beginn der Reformation 1517. Bereits 1517 waren Studenten aus Ebern in Leipzig und Wittenberg immatrikuliert. So unter anderem Martinus Meglin, der ab 1525 die lutherische Lehre in Kitzingen verkündete. Der ebenfalls gebürtige Eberner Johannes Schwanhauser wurde gar als „Reformator Frankens“ bezeichnet. Auf ihn wird im Kapitel „Prominente Eberner“

Bis zum Bau der Christuskirche fuhren die evangelischen Kirchgänger nach Eyrichshof.

genauer eingegangen. Diese jungen Leute bahnten der reformatorischen Bewegung den Weg in die Stadt und deren Umgebung. Auch wenn in dieser Zeit, vor allem nach dem Bauernkrieg 1524/25, im Eberner Umland fast alle Adligen und viele Dörfer unter der Lehenshoheit eines

Kirche Schloss Eyrichshof.

Rittergeschlechts zur Lehre Luthers übergegangen waren, und es auch in der Stadt Ebern eine starke evangelische Gruppe gab (nach 1550 war die Stadt zu 80 Prozent evangelisch), ließ sich das katholische Pfarramt nicht beeinflussen. Nach der in Ebern hart vollzogenen Gegenreformation waren in der Stadt nur noch einige wenige evangelische Familien ansässig. Bewohner, die beim neuen Evangelium bleiben wollten, wanderten aus. Neuansiedlungen wurden durch restriktive Zuzugsregelungen an Bedingungen geknüpft, die nur wenige, vor allem Handwerker und Geschäftsleute, überhaupt erfüllen konnten. Erst der Bevölkerungszuwachs durch die Flüchtlingswelle nach dem 2. Weltkrieg ließ den Anteil der Protestanten in Ebern signifikant

Luthers Marter

Von Luthers Marter hat Johann Georg Greb in seiner Chronik über Ebern (1862-1872) berichtet und beschreibt sie so detailliert, dass etwas Wahres daran sein könnte. Das Marterl mit dem Bild Martin Luthers, dargestellt als Mönch in Mannsgröße, soll bis 1825 am damaligen nördlichen Stadtausgang etwa gegenüber der heutigen Einmündung der Coburger Straße in die Bahnhofstraße gestanden haben. „Diese stand unten auf einem viereckigen Postamente, dann von Bildhauerarbeit, die Säule war das Bild Luther in Mannsgröße, ganz als Mönch und Mönchskleidung ... Darüber stund eine Pyramide, deren vier Seiten durch Bildhauerarbeit schön geziert waren ... ."

anwachsen, so dass der Ruf nach einer eigenen evangelischen Gemeinde und Kirche immer lauter wurde. Heute beträgt der Anteil der Bürgerinnen und Bürger evangelischen Glaubens in der Stadt Ebern mehr als 20 Prozent.

Wappen über dem Eingang der Schlosskirche von Eyrichshof.

Doch zurück zur Christuskirche. Im Kunstführer „Die Kirchen von Ebern" schreibt Dr. Heribert Keh dazu: „Sie (die Christuskirche) hat nicht nur das Weichbild der Stadt um ein weiteres Wahrzeichen bereichert, sondern zugleich die kunstgeschichtlichen Aussagen der Vergangenheit durch ein Bekenntnis zur Gegenwart ergänzt." Der Innenraum ist, wie in vielen evangelischen Kirchen des 20. Jahrhunderts, architektonisch streng gehalten. Die schlichte Einrichtung unterstreicht den Wunsch, das Kircheninnere möge mehr der Meditation als dem ästhetischen Genuss dienen. Dementsprechend wird der Besucher keine prunkvollen Altarkreuze oder Wandreliefs finden. Ein schnörkelloses Emaillekreuz mit Bronzen schmückt den Altar. An der Altarwand befindet sich das Lamm Gottes als Wandrelief. Beide Werke stammen von Prof. Hermann Jünger, München. Besucher sind in der Christuskirche gerne gesehen. Sollte sie verschlossen sein, ist das Pfarramt (Martin-Luther-Straße 8, Tel. 09531/6084) gerne behilflich.

Die Schlosskirche zu Fischbach

In Fischbach, einem nördlich von Ebern gelegenen Stadtteil, steht eine weitere evangelische Kirche, die im Gegensatz zu der modernen Christuskirche in der Kernstadt, schon einige Jahrhunderte hinter sich hat. Sie ist ein eher seltenes Beispiel dafür, dass auch das Rokoko die Formensprache des Innenraumes in protestantischen Kirchen dominieren kann. Der Raum ist ungewohnt reich mit gestalterischen Elementen und Details ausgestattet. So hängen an den Scherengittern der Altarwand zartrosa und gold farbene Rosen herab. Über dem Altar befindet sich die Kanzel und bildet mit der darüber liegenden Orgel eine Einheit, die für Glaube, Predigt, Lied oder auch „Beten, hören und sehen" steht. An der Kanzel ist eine

kleine Sanduhr befestigt, die dem Prediger seine Redezeit anzeigt.

Die Fischbacher Kirche entstand nach Plänen des Italieners Guiseppe Antonio Bossi (1756-1761). Ob der Marmor an den Stützpfeilern der Empore echt ist, kann jeder im Selbsttest herausfinden. Man legt einfach Hand an: Wird es warm, ist es Holz, bleibt es kalt, ist die Säule aus Stein. Bei den

Altarwand mit Kanzel und Orgel in der Fischbacher Schlosskirche.

Säulen in der Fischbacher Kirche wird es warm. Rätselhaft bleibt für Fachleute allerdings ein ganz anderes Zeichen: die verziert eingefassten Buchstaben „MID" auf der Bank am vorderen Eingang.

Die evangelische Schlosskirche von Fischbach.

In den nebenstehenden Eberner Stadtteilen finden an Kunstdenkmälern und Sakralkunst Interessierte weitere sehenswerte Kirchen. Fast alle Stadtteilkirchen sind bis auf die Gottesdienstzeiten abgeschlossen. Wegen des Schlüssels können sich interessierte Besucher aber an den ortsansässigen Küster wenden, der gerne aufschließt und vielleicht auch noch die eine oder andere Erläuterung geben kann. Die Anschrift des Küsters wissen sicher die Bewohner der Häuser in unmittelbarer Nähe der Kirche.

Katholische Kirche Reutersbrunn.

Albersdorf:
Kath. Kirche St. Michael, barocke Landkirche, um 1716

Bischwind am Raueneck:
Kath. Kirche Mariä Verkündigung, Kern 15. Jh. Langhaus 1722

Bramberg:
Kath. Kirche St. Wendelin, 1778

Eyrichshof:
Ev. Schlosskirche St. Bartholomäus, Frühbarockbau, 1685-86

Fischbach:
Ev. Kirche, Saalbau 1756-58

Frickendorf:
Kath. Kirche St. Wendelin, 1928/29

Jesserndorf:
Kath. Kirche St. Antonius Eremita, Turm 15. Jh. Langhaus neuromanisch 1886
Ev. Kirche, neugotisch, um 1900

Neuses am Raueneck:
Kath. Kirche Mariä Heimsuchung, 1717

Reutersbrunn:
Kath. Kirche St. Georg, um 1700

Unterpreppach:
Kath. Kirche St. Wendelin und St. Bartholomäus, 1960

Vorbach:
Kath. Kirche St. Johannes d. T., 1782

Erinnerungskultur

Von Zeugnissen der Vergangenheit
wo die Vergangenheit ruht und die Geschichte mahnt

Die Stadtpfarrkirche liegt mit einer Höhe von 269 Metern über NN beinahe auf dem höchsten Punkt der Altstadt.

Seit mit Beginn der christlichen Spätantike das Begräbnis aus der Pflicht der Familie in die Zuständigkeit der Gemeinden übergegangen war, wurden christliche Gräber in die Städte verlegt, auf den Kirchplatz oder zumindest in die Nähe der Kirche. In mittelalterlichen Quellen ist anstelle von „Kirchhof" häufig der Begriff „coemeterium" (lat. Ruhestätte) anzutreffen. Die Hauptaufgabe des Coemeteriums war die Befriedung des im alten Glauben spannungs- und konfliktreichen Verhältnisses zwischen Lebenden und Toten. Wichtige bauliche Elemente waren das Beinhaus (Karner oder Ossarium) und die lokale Pfarrkirche.

Kirchhof und Ossarium

Auch in Ebern lag Mitte des 15. Jahrhunderts „der Friedhof rings um die Kirche", wie Karl Hoch, Ehrenbürger, Heimatpfleger und Lehrer in Ebern, in seinem Heimatführer schreibt. „Über 1 m hoch umgaben feuchte Bodenmassen die Kirchenmauern, so dass man auf Stufen in die Kirche hinuntersteigen musste."

Im Ossarium (Kirchplatz 6), der 1464 erbauten Friedhofskapelle SS. Petri et Pauli in Ossorio, wurden im Untergeschoss bis 1803 die Gebeine der Verstorbenen und die Totengeräte verwahrt. Davon zeugen das noch erhaltene

⑬ Das zweigeschossige Ossarium trägt an der Ostseite einen spätgotischen Altarerker mit reich gegliederter Abkragung, Engelsbüste und Rotenhanwappen.

Sandsteinrelief „Jüngstes Gericht" über dem westlichen Stichbogen und die Inschrift am mittleren Strebepfeiler „Drost got all glavbig sell" (Trost Gottes allen gläubigen Seelen). Im Zuge der Profanation wurde das Beinhaus zur Holzlege und auch der Kapellenraum im Oberge-

⑬ Besuchergruppe vor dem Eingang zur Totengedenkstätte des ehemaligen Beinhauses.

schoss bekam als Schulsaal eine weltliche Funktion. Erst 1958 erhielt die spätgotische Halle ihre heutige Bedeutung als Toten-Gedenkstätte. 170 Namen von Gefallenen und Vermissten beider Weltkriege und der Konflikte aus jüngerer Zeit sind in die Wände eingegraben. Das Gewölbe zieren acht Wappenschlusssteine längst erloschener Eberner Bürgerfamilien.

 Der Friedhof an der Marienkapelle wurde 1802/1803 angelegt.

Der neue Friedhof

Wachsende hygienische Erkenntnisse führten um 1800 in
fast allen deutschen Städten zur Anlage außerstädtischer
Begräbnisplätze. In Ebern entstand 1802/1803 bei der Marienkapelle ein neuer Friedhof, auf den noch im gleichen
Jahr die Totengebeine aus dem Ossarium überführt wurden.
Auch Protestanten wurden hier – anfangs allerdings nach
katholischem Ritus – begraben. Als man 1887 endlich auch
den Leichenhof rings um die Kirche ausgehoben und die
Gebeine in den neuen Friedhof geschafft hatte, zeigte sich
der immense Schaden, den das feuchte Erdreich im Laufe
der Jahrhunderte an der Kirche angerichtet hatte. Viele
Male musste der neue Friedhof erweitert werden. Eine
Vergrößerung 1956 ging mit dem Bau des Leichenhauses
am Westrand einher. Die letzte Erweiterung erfolgte in den
achtziger Jahren. Für Besucherinnen und Besucher besonders
sehenswert ist der älteste Grabstein an der Südwestwand der
Kapelle, der 1805 dem Dekan Peter Schlöer gesetzt wurde.
Unter dem großen Friedhofskreuz mit den Steinfiguren
Maria und Johannes, das er selbst 1865 stiftete, ruht der 1880
verstorbene Stadtpfarrer Jakob Hock. Westlich der Kapelle
erinnert ein Denkmal an den Krieg 1870/71. Unter Denkmalschutz stehen die Kreuzwegstationen aus dem späten
19. Jahrhundert entlang der Friedhofsmauer.

Zeugnisse jüdischer Vergangenheit

Der unter Denkmalschutz stehende jüdische Friedhof Eberns (siehe Stadtplan C 1) ist durch seine Größe von 13.250 Quadratmetern und die besonders vielen bis ins 17. Jahrhundert zurückreichenden, kunstvollen Grabsteine einer der bemerkenswertesten in Unterfranken. Die gepflegte parkähnliche Anlage am nördlichen Stadtrand, am Nordwesthang des Steinberges, ist von einer Mauer aus altem Sandstein und Beton eingefriedet, den Eingang schließt ein zweiflügliges Eisentor. „Friedhof der jüdischen Kultusgemeinde aus Ebern und elf Dörfern der weiteren Umgebung, 1633 erworben, 1683 erweitert und ummauert, 1912 letzte Bestattung", heißt

Die Grabinschriften auf den mehr als 1.000 Grabsteinen des jüdischen Friedhofs sind größtenteils in Hebräisch abgefasst. Ab und zu finden sich auf der Rückseite oder am unteren Rand auf der Vorderseite der Name und das Sterbedatum der betreffenden Person in lateinischer Schrift.

es auf dem Hinweisschild am Eingang. Ob die letzte Beerdigung 1912 oder 1909 stattfand, wie andere Quellen und der jüngste auffindbare Grabstein des Moritz Löb Gunzenhäußer aus Gleusdorf es ausweisen, ist nicht eindeutig geklärt. Sicher ist jedoch, dass der am Waldrand gelegene Friedhof bis Anfang des 20. Jahrhunderts für die jüdischen Bewohner von Ebern, Altenstein, Autenhausen, Burgpreppach, Gleusdorf, Kraisdorf, Maroldsweisach, Memmelsdorf, Merzbach, Pfarrweisach und Reckendorf als Begräbnisort diente. Da die ihn belegenden Gemeinden in der Mehrzahl stark orthodox geprägt waren, sind die Grabsteine bis ins 20. Jahrhundert hinein fast ausschließlich hebräisch beschriftet. Auffallend ist der reiche Symbolschmuck der Grabsteine, der Hinweise auf den Stand der Verstorbenen gibt.

Neben dem Eberner Friedhof sind in der Umgebung noch einige kleinere jüdische Friedhöfe in Autenhausen, Burgpreppach, Ermershausen, Memmelsdorf, Reckendorf und Untermerzbach erhalten.

Juden waren in Ebern nachweislich seit 1433 mit Unterbrechungen ansässig. Nach einer Urkunde im Stadtarchiv Ebern gestattete Fürstbischof Johann von Brunn (1411-40) der Stadt drei Jahre nach der großen Feuersbrunst die Aufnahme von zwei Judenfamilien und die Einbehaltung der Schutzgelder. Ein Jahr bevor Fürstbischof Philip Adolf von Ehrenberg 1623 die „Aus- und Abschaffung der Juden aus dem Hochstift Würzburg" befahl, wandten sich bereits Bürgermeister und Rat der Stadt gegen die neuerliche Aufnahme von Juden, wegen negativer Erfahrungen wie es hieß. Zehn Jahre später ordnete die schwedische Regierung im 30-jährigen Krieg erneut die Aufnahme von jüdischen Familien an. Doch bereits 1659 ist den beiden zu diesem Zeitpunkt in Ebern lebenden Judenfamilien der Wegzug befohlen worden. In der Folgezeit ließen sich in Ebern keine Juden mehr nieder, zumindest gibt es dafür keine Belege.

Fast alle jüdischen Landgemeinden hatten auch eine Synagoge, so auch das Ebern benachbarte Memmelsdorf. Durch den Träger- und Förderverein Synagoge Memmelsdorf e.V. ist es gelungen, diese Synagoge nicht nur zu erhalten, sondern den Betsaal auch zu einem Gedenkraum an die ehemalige jüdische Gemeinde in Memmelsdorf zu machen. Gleichzeitig wurde daraus ein zentraler „Lernort" über das fränkische Landjudentum, die jüdische Kultur und Religion und die Heimatgeschichte der Juden im Raum Ebern vom 17. Jahrhundert bis zur Ermordung durch die Nationalsozialisten, der jeden ersten Sonntag im Monat von 10.00 Uhr bis 17.00 Uhr besichtigt werden kann (Führung 14.00 Uhr).

Der Überlieferung nach förderte Lothar von Greiffenclau 1728 den Bau der Memmelsdorfer Synagoge dadurch, dass er den Bauplatz an die jüdische Gemeinde verschenkte. An einem Fenstergitter der Ostwand der Synagoge ist noch heute eine kunstvoll geschmiedete „Greifenklaue" zu sehen.

Bedeutende Häuser

Ein historischer Stadtrundgang
Spurensuche in der Stadtgeschichte

Besonders intensiv lässt sich die Geschichte Eberns bei einem Spaziergang durch die historische Altstadt erfahren, die in ihrer baulichen Geschlossenheit unter Ensembleschutz steht.

Als Orientierung dient der Altstadt-Plan auf der ausklappbaren vorderen Umschlagseite. In den Plan wurden die besonderen historischen Stationen, die in diesem und anderen Kapiteln vorgestellt sind, eingezeichnet. Beachten Sie die roten Punkte.

15 Rosengasse 11 mit Storchenturm.

Wir beginnen den historischen Stadtrundgang in der Rosengasse, die eigentlich ein Platz ist, der von einigen Historikern als „Keimzelle" der Stadt bezeichnet wird. Oder, wie die verstorbene Historikerin Dr. Isolde Maierhöfer in

Blick von der Rosengasse auf die Pfarrkirche.

ihrem leider vergriffenen Buch über Ebern schreibt, „wo man, verleitet durch die merkwürdige Gruppierung der Häuser, am liebsten den Herrenhof suchen würde, zumal das Anwesen Rosengasse 11 Hochstiftslehen, das Gebäude daneben die ältere Zehntscheuer war, und das nord- und westwärts abfallende Gelände natürlichen Schutz bot".

Der Name Rosengasse könnte, wie Kreisheimatpfleger Günter Lipp vermutet, auf den Standort eines Leprosenhofes, in dem im Mittelalter die Aussätzigen untergebracht waren, hinweisen. Im Volksmund hießen diese Häuser Rosenhöfe. Das Haus könnte in der Nähe des Storchenturms gestanden haben und beim Stadtbrand 1430 vernichtet worden sein.

Von der Rosengasse führt uns der Rundgang die Spitaltorstraße (die Eberner sagen Stadtberg) hinauf zum Neptunsbrunnen auf dem Marktplatz. Eberns Marktplatz ist eigentlich nur eine Verbreiterung der Ebern durchlaufenden Straße. Sie war einst Handelsstraße zwischen Nürnberg und Halle, und sicher wurde der 1706 errichtete Neptunsbrunnen, bevor er ein neues Gitter 1842 erhielt, auch als Pferdetränke

16 Der Neptunsbrunnen stammt aus der Barockperiode der Stadt.

gebraucht. Hier, wo alljährlich der Maibaum aufgestellt wird, wo Gemüse und Blumen verkauft werden und der Bauernmarkt stattfindet, hat sich das alte Bild Eberns besonders gut erhalten.

Die Nordwestecke des Marktplatzes aus der Vogelperspektive. Das Wohnhaus mit Fachwerkaufbau in der Mitte wurde 1740 gebaut.

Es lohnt sich, einen Augenblick zu rasten und die Geschichte der denkmalgeschützten Gebäude aus dem 17., 18. und 19. Jahrhundert zu erspüren. Vielleicht nehmen Sie dazu auf der Bank vor der alten Kupferschmiede und Eisenhandlung (Marktplatz 12) Platz. Das um 1600

erbaute Renaissancehaus wartet noch auf seine Restaurierung. Im Gegensatz zum benachbarten, liebevoll hergerichteten Giebelhaus, in dem das Café am Markt untergebracht ist. Ein Blick

Bäckerwappen am Merklhaus.

nach links trifft auf drei Steinbauten des 18./19. Jahrhunderts. Die älteste Bauweise Eberns war ursprünglich wie in ganz Franken der Fachwerkbau. Erst im 18. Jahrhundert nahm der Steinbau auch hier überhand. Das schöne Barockhaus an der Ecke zur Spitaltorstraße (Marktplatz 2) mit Eckpilastern, Gurtgesimsen und reich profilierten Fenstern stammt aus dieser Bauperiode. Das um 1720 erbaute Haus war einmal ein „Beckenwirtshaus", wie Isolde Maierhöfer schreibt. Darauf soll auch das offenbar von der Bäckerei Nadler nachgeschaffene vergoldete Bäckerwappen mit der Jahreszahl 1590 über dem Hauptportal hinweisen. Bevor

Das Barockhaus an der Ecke Spitaltorstraße heißt in Ebern auch Merklhaus, nach einem früheren Bürgermeister. Die Haustür am Stadtberg führt in die ehemalige Backstube. Bemerkenswert ist die Sandsteinmadonna am Eckpfeiler des Gebäudes.

wir uns dem Kirchplatz zuwenden, schauen wir noch einmal nach Südosten auf das Gebäude mit dem schönen Erker, das die Sparkasse Ostunterfranken beherbergt. Der Erker ist ein Baurest des vermutlich Ende des 16. Jahr-

17 Das Wertvollste am heutigen Sparkassengebäude ist der rechteckige Erker mit reicher Renaissanceornamentik und schieferverkleideter Kuppel.

hunderts an gleicher Stelle errichteten würzburgischen Amtshauses, in welchem ab 1685 das fürstbischöflich würzburgische Oberamt seinen Sitz hatte. Von 1802 bis 1864 war es Landgerichtsgebäude, dann Messungsamt und diente schließlich einer Textilfirma als Geschäftshaus. Um das Gebäude als Kreissparkasse zu nutzen, wurde es 1959 und 2007 außen und innen komplett umgebaut, wobei „der mittelalterliche Charakter unter Berücksichtigung der Stilmotive der Renaissance bewahrt blieb", wie es der damalige Heimatpfleger Karl Hoch formulierte.

Hoch erzählt: „Als der Erker beim Umbau des Hauses abgenommen wurde, hörte man im Turmknopf der Erkerspitze ein Klappern. Im Beisein von Sparkassenamtmann Baum wurde die Kupferkugel geöffnet. Heraus kam eine verschlossene Blechhülse von 20 cm Länge und 6 cm Durchmesser, die eine handgeschriebene Urkunde vom Jahre 1908 enthielt. Michael Grohe, der letzte Besitzer des Hauses, berichtet darin, dass im Mai 1908 der Erker vom Schieferdecker Schriefer aus Bamberg neu gedeckt und mit einer Kupferblechspitze versehen wurde. Die Urkunde spricht dann von der Geschichte des Hauses, vom Bau der Wasserleitung usw. ...Eine zweite Blechhülse mit gleichen Maßen wurde angefertigt und mit neuen Dokumenten am 14.11.1959 wieder verlötet."

Man muss auf dem Marktplatz schon ein gutes Stück zurück treten, um die Stadtpfarrkirche in ihrer ganzen Größe zu sehen. Über die Kirche selber ist einiges in den Kapiteln „Türme und Türmer" und „Gelebter Glaube" nachzulesen. Wenden wir uns deshalb den verschiedenen Häusergruppen auf dem Kirchplatz zu. Zunächst der Seite nördlich vom Kirchenportal. Das barocke Gebäude ganz links außen, gehört zu den ältesten in Ebern und ist durch die fachmännische Restaurierung des wunderschönen Fachwerks ein Schmuckstück am Kirchplatz. Rechts daneben (Kirchplatz 8) befindet sich das Jungfrauenhaus,

18 Das Jungfrauenhaus besteht aus einem jüngeren einstöckigen und einem daneben liegenden älteren zweistöckigen spätgotischen Bau.

das in der zweiten Hälfte des 15. Jahrhunderts eine von Sophia Pfaffendorfer gestiftete Einrichtung für gut beleumundete alleinstehende Jungfrauen beherbergte. Südlich vom Kirchenportal befindet sich Eberns gut frequentierte Stadtbücherei, deren Gebäude auf dem 1598 erbauten ersten Schulhaus Eberns fundiert. Sein schönes Rundbogenportal mit Sitzkonsolen ist noch erhalten. Bevor das alte Schulhaus 1982 in die Stadtbücherei umgewandelt wurde, diente es bis 1979 als Winterkindergarten und Schwesternwohnhaus. An das Schulhaus schließt die ehemalige Friedhofskapelle SS. Petri et Pauli in Ossorio an, die im Kapitel „Erinnerungskultur" beschrieben ist.

Quer über den Kirchplatz gelangen wir zum Pfarrhof (Pfarrgasse 2). In der aus zwei Häusern zusammengewachsenen zweistöckigen Renaissanceanlage mit einem vorkragendem Fachwerkobergeschoss wohnt seit alters her der Pfarrer. Und ein Pfarrer Franz Murarius dessen Wappen das rundbogige Hofportal ziert, hat den Gebäudekomplex auch in dieser Form 1604 erstellen lassen.

19 Das Pfarrhaus steht am Übergang von der Pfarr- zur Rittergasse.

Neben dem Pfarrhaus wurde um 1722 noch ein eigenes Amtshaus für die bischöflichen Verwalter errichtet. In dem Haus Rittergasse 1 befand sich ab dem frühen 19. Jahrhundert das Rentamt. Heute ist in dem rosaroten Gebäude eine Außenstelle des Finanzamtes Zeil untergebracht. In diesem schön proportionierten spätbarocken Haus lebte von 1809 bis 1825 der als Rentamtmann nach Ebern versetzte Johann Adam Rückert mit seiner Familie. Der Dichter – Sohn Friedrich Rückert – lebte von 1809 bis 1821 im Alter von 21 bis 33 Jahren in Ebern. In Gedenken an seine Eberner Zeit wurde über der Eingangstür am 2. Juni 1929 die Gedenktafel angebracht. Darauf steht: „Hier lebte und schuf unsterbliche Werke im Frieden des Elternhauses 1809-1821 FRIEDRICH RÜCKERT, der große Dichter und Meister der deutschen Sprache."

20 Rückert-Gedenktafel am heutigen Finanzamt.

Wir gehen die Rittergasse in südlicher Richtung weiter. Nur wenige Schritte vom Finanzamt entfernt erhebt sich auf der linken Seite das Ämtergebäude der Verwaltungsgemeinschaft Ebern. Als fürstbischöflicher Zehntspeicher

21 Blick auf das mächtige Ämtergebäude.

mit fünf Schüttböden im Jahr 1700 errichtet, diente der mächtige dreigeschossige Bau 100 Jahre lang der Lagerung des Zehnts. Das herausgearbeitete Wappen des Würzburger Fürstbischofs Johann Philipp von Greiffenclau am 2. Geschoss der Westseite erinnert noch heute an die Fertigstellung des Bauwerks. Ab etwa 1803 stand das große Haus leer, bis der bayerische Staat das Gebäude 1862 zum Amtshaus für Bezirksamt und Landgericht ausersah und umfassend baulich umgestaltete. Seit 1979 beherbergt das Gebäude (Rittergasse 3) neben der Verwaltungsgemeinschaft Ebern den Sitz des 1. Bürgermeisters und die Tourist-Information.

Auf ein anderes für Ebern ehemals bedeutsames Haus stoßen wir einige Meter weiter. Das schlichte, klassizistische Gebäude (Rittergasse 5) wurde 1811 als Centcustodie, als Gefängnis für den Gerichtsbezirk Ebern, gebaut. Das Gebäude ist der einzige architektonische Zeuge aus der kurzen Regierungsphase des Großherzog Ferdinand von Toskana (1806-1814), eines Bruders von Kaiser Franz II. Das Gebäudeportal trägt das Wappen des Großherzogs. Seine Funktion als Gefängnis behielt das Gebäude bis 1945, wurde danach Gesundheitsamt und ist heute im Eigentum der Stadt.

Vom 13. bis 16. Jahrhundert hatten die Grundherren aus der Umgebung Eberns (zum Beispiel die Herren von Lichtenstein, Stein von Altenstein und die Herren von Rotenhan) in der Rittergasse ihre Stadthäuser.

Die Rittergasse im Winter.

Heimatpfleger Karl Hoch zur Rittergasse:

„Als nach dem großen Brand Ebern durch Jahrzehnte hindurch wieder aufgebaut war, setzten die Würzburger Fürstbischöfe und die vielen Adeligen im Umkreis alles daran, die kleine Stadt mit Mauern und Türmen zur Wache und Wehr zu befestigen; die Fürstbischöfe, um ihre weit vorgeschobenen Pfründe zu halten, die Adeligen, um in Zeiten der Not und des Kampfes ihre Familien in den Schutz der Gemeinschaft einer stark befestigten Stadt zu schicken. Im Innern der Stadt bauten sie sich kleine Häuser, so viele, dass sie eine ganze Straße füllten, die den Namen Rittergasse erhielt. An der Stelle des Finanzamtes stand im Mittelalter die Freyung, die Freistatt der „alten Rittersleut", in der sie ihre Versammlungen, auch Rittertage genannt, abhielten und auf Grund ihrer Macht und ihrer Rechte jeden, der bei ihnen Schutz suchte und ihr Wohlgefallen fand, vor dem Zugriff der Behörden bis zum Reichsoberhaupt bewahren konnten."

Wenden wir uns für einen Augenblick der Westseite der Rittergasse zu. Etwa auf der Höhe des Ämtergebäudes mündet die Braugasse ein. Wie der Name schon sagt, brauten die Eberner Bürger noch bis Anfang der sechziger Jahre des 20. Jahrhunderts hier ihren Haustrunk. Die beiden Eckhäuser (Braugasse 6 und Braugasse 3) wurden seit dem Mittelalter als städtisches Sudhaus und Brauhaus genutzt. Heute erinnert nur noch eine Tafel daran. Das ehemalige Brauhaus ist längst ein Wohnhaus, im renovierten alten Sudhaus probt das bekannte Eberner Blasorchester. Hugo H. Einwag schreibt in den „äwera gschichtla" über das Ende der Bierbrautradition in Ebern:

22 Erinnerungstafel am alten Sudhaus in der Braugasse 3.

*„**Als nämlich** im städtischen Brauhaus das Feuer des kupfernen Sudkessels endgültig ausging, war der letzte heimische Braumeister, der Drummers Schorsch, zwar nicht arbeitslos, aber seinem Handwerk und seinem „flüssigen Brot" trauert nicht nur er, sondern auch die alten Eberner Hausbrauer heute noch nach, denn es war immer würzig und süffig."*

Wir folgen der Rittergasse, die jetzt einen Knick nach Westen macht, weiter. Dieser Abschnitt Richtung Grauturm gehörte von jeher den Eberner Bürgern und hier sind auch noch schöne kleine Fachwerkhäuser anzuschauen.

Der letzte Teil der Rittergasse Richtung Grauturm ist von schön erhaltenen kleinen Fachwerkhäusern geprägt.

Über den Grauturm, das Wahrzeichen Eberns, ist im Kapitel „Türme und Türmer" Wissenswertes nachzulesen. Wir wollen an dieser Stelle einen kleinen Abstecher durch das Tor nach Klein-Nürnberg unternehmen. Die Straße Klein-Nürnberg beginnt heute am Grautor und führt zur B 279 und nach Heubach. Uns interessiert der Abschnitt bis zum Anlagenring und seine Geschichte. Ebern lag im Mittelalter an einer Fernhandelsstraße, die von Nürnberg über Bamberg und Hallstadt nach Norden führte. Von Bischof Rudolph von Scherenberg hatten die Eberner 1481 das Recht auf die Erhebung von Pflasterzoll erhalten. Diese Abgabe musste jeder in die Stadt Einreisende für die Benutzung des Pflasters zahlen. Unmittelbar vor dem Grautor wurde ein Lagerplatz für die Kaufleute errichtet. Mit den Befestigungsanlagen im Rücken wurden Speicher, Scheunen, Stallungen und Herbergen gebaut und vielfach von Nürnberger Kaufleuten benutzt. Daher stammt wohl der Name Klein-Nürnberg. Noch heute atmet der Platz ein Stück dieser Geschichte, besonders, wenn man sich das Fachwerkhaus Nr. 14 mit dem reichen Schnitzwerk anschaut.

23 Die südliche Ausfallstraße mit dem Straßennamen Klein-Nürnberg diente seit dem Mittelalter offenbar Nürnberger Kaufleuten als Stapelplatz für ihre Kaufmannsgüter und als Pferdewechselstelle.

Von Klein-Nürnberg geht es wieder durch das Grautor zum Marktplatz. Nächste Station ist das Heimatmuseum

(Marktplatz 42), das nur wenige Schritte vom Grauturm entfernt auf der linken Seite im ehemaligen Sparkassengebäude untergebracht ist. Das 1974 eröffnete Museum steht unter der Trägerschaft des Bürgervereins Ebern e. V. und

3 Das Heimatmuseum ist sonn- und feiertags am Nachmittag geöffnet. Sonderführungen nach Vereinbarung mit dem Bürgerverein Ebern (Tel. 09531/8839).

wird ehrenamtlich betreut, weshalb es leider auch nur sonn- und feiertags geöffnet ist. Führungen außerhalb der regulären Öffnungszeiten sind jedoch nach Voranmeldung möglich. Ein Besuch ist sehr empfehlenswert, denn die vielen tausend Exponate, die in 17 Ausstellungsräumen über drei Etagen verteilt sind, geben einen wunderbaren Einblick in die Lebens- und Arbeitswelt der Eberner Bevölkerung durch die Jahrhunderte.

Dass die Gegend um Ebern nicht mit Reichtümern gesegnet war, spiegelt sich in den ausgestellten Hinterlassenschaften von Bauern, Handwerkern und Bürgern der Stadt. Besonders beliebt bei kleinen und großen Besuchern ist im ersten Stock die einklassige Landschulstube,

so wie es sie bis in die sechziger Jahre in den Ortschaften um Ebern gab. Die Exponate des Heimatmuseums reichen von interessanten Dokumenten zur Stadtgeschichte und historischen Karten über fränkische

Die Schulstube im Heimatmuseum weckt bei manchem die Erinnerung.

 Die Glaserei Einwag am Marktplatz 23.

Möbel, Hausrat und Trachten, diverse bäuerliche Arbeitsgeräte bis hin zu kompletten Werkstätten alter Eberner Handwerksbetriebe, darunter eine Büttnerei, eine Sattler- und eine Schusterwerkstatt. Erwähnenswert ist noch der sechs Meter lange im Mainkies gefundene Einbaum aus dem Jahr 400 vor Christus. Schräg gegenüber vom Heimatmuseum fällt ein besonders schön instand gesetztes Haus aus dem 18. Jahrhundert auf mit einem typischen Fachwerkaufbau. Ein handgemaltes Schild an der Eingangstür weist darauf hin, dass sich in dem Haus die Glaserei Firma Heinrich Einwag befindet. Die Geschichte der Eberner Familie Einwag lässt sich bis zum Jahr 1560 zurückverfolgen. Soweit in den Kirchenbüchern ein Beruf angegeben ist, waren die Einwags Fenstermacher oder Glaser. Als Heinrich Einwag 1949 seinen Glasereibetrieb am Marktplatz eröffnete, gab es in Ebern noch eine bunte Vielfalt an Handwerksbetrieben.

Die ehemalige Büttnerei von Georg Limpert, bis Ende 1954 in der Ritter-von-Schmitt-Straße 20 beheimatet, ist heute im Heimatmuseum teilweise wieder aufgebaut.

Doch die Zeit der Gerber, Wagner, Sattler, Schmiede, Zinngießer, Färber, Schuster, Häfner und Töpfer ist längst vorbei. Ihr Handwerk ist auch in Ebern dem Fortschritt zum Opfer gefallen. Wir kommen nun zu dem Haus mit der unbestritten schönsten Fassade der Stadt, dem Eberner Rathaus, einem Renaissancebau mit steinernem Erdgeschoss und einem vierstöckigen Fachwerkaufbau. Rathäuser werden in Ebern zuerst 1442 erwähnt. Der gotische Vorgängerbau, der ein wenig nördlich gestanden hat, wurde beim Stadtbrand so schwer beschädigt, dass ein Neubau erfolgen musste. Verschiedene Quellen versichern uns als Bauzeit die Jahre 1687 bis 1692. Dem entspricht auch die Jahreszahl 1690 am rechten Eckständer des ersten Obergeschosses. Das steinerne Erdgeschoss bildete früher eine gegen die Straße in vier mächtigen Rundbogen offene Markthalle, die seit 1888 mit festen Holztoren verbaut ist. 1835 wurde der Dachreiterturm ausgewechselt, seine Fahne erhielt das Eberner Wappen und die Spitze ziert seitdem ein Stern. Die kreisförmig gerahmten Wappen über den Bogenspitzen am steinernen Sockel stehen für Julius Echter (1573-1617), für Michael von Lichtenstein als Amtmann zu Raueneck (1604-21) und für die Stadt Ebern. Die beiden bauführenden Bürgermeister Niklas Betz und Hans Schmid haben sich mit ihren bürgerlichen Wappen am nördlichen Randpfeiler verewigt. Die Wände im vertäfelten Ratssaal im Obergeschoss schmücken Porträts Würzburger Fürstbischöfe, des Kurfürsten und des Königs Maximilian I. Joseph von Bayern (1806-25) sowie verdienter Eberner Bürgermeister und Ehrenbürger. Noch bis 1979 hatten Bürgermeister und Stadtverwaltung hier ihren Sitz. Heute wird das Rathaus für die Sitzungen des Stadtrates, für Trauungen, zu Repräsentationszwecken und für kulturelle Veranstaltungen genutzt. Es beherbergt auch das Stadtarchiv. Bei der Rathausrenovierung 1980 wurde der dem Rathaus schräg gegenüberliegende Pallas-Athene-Brunnen (von 1706) in den Rathausinnenhof versetzt. Seit 1989 hat dort auch

25 Das Eberner Rathaus.

alljährlich die Weihnachtskrippe der Stadt ihren Platz. Wer die Häuserzeile rechts und links des Rathauses auf beiden Seiten aufmerksam betrachtet, wird feststellen, dass bei vielen Gebäuden eine Toreinfahrt mit Fußgängerpforte durch einen Teil des Erdgeschosses führt. Durch das Tor gelangt man zu den rückwärtigen Wirtschaftsgebäuden. Aus Güterbeschreibungen des Jahres 1700 geht hervor, dass zu den meisten Anwesen der Stadt ein Hof mit Nebengebäuden sowie Feld- und Wiesenbesitz gehörte. Die Eberner

waren also überwiegend Ackerbürger, selbst wenn sie ein Handwerk betrieben.

Vom Rathaus gehen wir wieder in Richtung Neptunsbrunnen und wechseln dabei noch einmal die Straßenseite. Am Marktplatz 7 stoßen wir auf die Stadt-Apotheke. Die Fassade im Stil eines neugotischen Giebelhauses des 19. Jahrhunderts täuscht darüber hinweg,

26 1818/19 zog in dieses Haus eine Apotheke, die 1824 Michael Schmidt übernahm.

dass der dahinter liegende Fachwerkbau mindestens 100 Jahre älter sein dürfte. In der Greb-Chronik ist nachzulesen, dass 1863 Apotheker Georg Michael Schmidt an seinem Haus, das gleichzeitig die Apotheke war, eine vordere Frontmauer nebst doppelter Haustreppe nach einer Zeichnung durch Maurermeister Kaiser neu aufbauen ließ. Die für diese Zeit hochmoderne Fassade blieb bei allen Restaurierungen nahezu vollständig erhalten. Besagter Georg Michael Schmidt war übrigens nicht nur Apotheker in Ebern, sondern auch von 1854 bis 1865 Bürgermeister der Stadt und von 1859 bis 1865 Landtagsabgeordneter zu München.

Unmittelbar neben der Stadt-Apotheke befindet sich eines der beiden ältesten noch erhaltenen und bewirtschafteten Gasthäuser Eberns. Der Goldene Stern (Marktplatz 5), der im Mittelalter zu den vier erblichen Schankstätten Eberns gehörte, heißt heute Gasthof Stern, ist sorgfältig restauriert

und stammt laut Denkmal-liste im Kern aus dem 17. Jahrhundert. Das Bedürfnis nach Wirts-haus-Gesel-ligkeit muss im „alten" Ebern groß gewesen sein, denn ins-

27 Der Goldene Stern erstrahlt heute wieder in neuem alten Glanz als Gasthof Stern.

gesamt sechs Wirtshäuser konzentrierten sich einmal am oberen Marktplatz. Gleich schräg gegenüber vom Gasthof Stern finden wir am Marktplatz 18 die zweite noch erhal-tene mittelalterliche Schankstätte, den Gasthof Hirschen, ein mexikanisches Speiselokal. Der kunstvolle Fachwerkauf-bau des 1690 erbauten Wirtshauses wurde glücklicherweise schon 1925 freigelegt und 1965 dann so einfühlsam res-

tauriert, dass das Haus in der Straßenflucht fast wie ein kleiner Bruder des Rathauses wirkt. Die beiden anderen erblichen Schankstätten, der Gold-ene Löwe (Marktplatz 36) und der Grüne Baum (Marktplatz 15), sind als Wirtshäuser leider nicht mehr erhalten. In den ehemaligen Schwarzen Adler (Marktplatz 22),

Ehemals in trauter Dreisamkeit: der frühere Schwarze Adler, das Enterhaus und der Gasthof Hirschen.

ein Fachwerkhaus aus dem 18. Jahrhundert, ist der Bierpub Kleeblatt eingezogen. Und am ehemaligen Enterhaus (Marktplatz 20), einem stolzen dreigeschossigen Giebelhaus neben dem Gasthof Hirschen, erinnern nur noch ein in den Sandstein eingearbeitetes Medaillon einer laufenden Ente und die Inschrift „ANO 1603 JAR HAT GEORG ENTER WERT ZU EBERN GEBU" an das Intermezzo als Wirtshaus. Fast am Ende unseres Rundgangs angekommen, verlassen wir jetzt noch einmal den Marktplatz und biegen neben dem Café am Markt in die enge Badgasse ein. Hier stand, etwa auf der Höhe des Gebäudes Badgasse 1, bis 1880 der gleichnamige Turm. Durch die Badgasse ging man im Mittelalter zum Baden vom Markt hinunter zu den beiden Badstuben am Mühlbach. Wir wollen diesen Weg nachvollziehen und steigen die Treppe hinunter in die untere Vorstadt, das heutige Mühlviertel. Die untere Badstube war im Haus gegenüber der Stadtmühle, dem früheren Berwind-Haus (heute Hirtengasse 2) eingerichtet, die obere Badstube befand sich im so genannten Schmitts-Haus (Neubrückentorstraße 2).

28 Die Badgasse verbindet den Marktplatz mit dem Mühlviertel im letzten Abschnitt über eine steile Treppe.

Im Mittelalter gehörte das Baden in Badestuben zum Alltagsleben. Baden im Freien war verboten und private Badestuben gab es nicht. Das Baden in den Badestuben war gesetzlich geregelt. Der Bader gab die Badezeit dadurch bekannt, dass er zwei Messingteller aneinander schlug und vor dem Haus aufhängte. Für die Armen wurden oft Seelbäder gestiftet, wo es nach der Reinwaschung von Leib und Seele noch eine Brotzeit gab. Die Bader bereiteten nicht nur das Bad, sondern waren auch Friseure, Wundärzte, Zahnärzte und Verschönerungshelfer, ließen zur Ader, setzten Schröpfköpfe auf und kratzten den Bart ab.

Vom Mühlviertel können wir entweder durch die Ritter-von-Schmitt-Straße wieder zurück zum Stadtberg und von dort hinauf zum Marktplatz gehen. Oder wir nehmen den schöneren, weil ruhigeren Weg durch die Hirtengasse. Sie verläuft unterhalb der westlichen Stadtmauer und führt an der Stadtmühle und

29 Blick von der Mühlgasse in die Ritter-von-Schmitt-Straße. Im Hintergrund zeigt sich der Storchenturm.

schmucken Häusern mit schönen Gärten vorbei zum Hirtenberg.

Am Fuße des Hirtenbergs wohnte im Mittelalter der Hirte, der mit seiner Familie die Kühe, Schafe, Schweine und Gänse der Eberner Bauern abwechselnd auf bestimmte Weideplätze in den Auwiesen treiben und hüten musste.

Nach einem kurzen Anstieg sind wir bereits wieder in Klein-Nürnberg. Die beiden Kellerhäuser am Hirtenberg, kleine Fachwerkhäuser, auf die Eingänge von zwei Felsenkellern aufgesetzt, wurden 1788 erbaut. Ein Unternehmer aus Baunach hat sie vor einigen Jahren erworben und restaurieren lassen. Während des 2. Weltkrieges diente der untere Keller, der auch Wap-

30 Die Kellerhäuser aus dem 18. Jahrhundert sind eine Eberner Besonderheit.

pes-Keller genannt wird, genauso wie der obere Keller, genannt Hermsdörfer Keller, bei Fliegeralarm für die Anwohner der Altstadt als Luftschutzkeller.

Prominente Eberner
von Dichtern, Weltbürgern und Reformatoren

Johann Michael Friedrich Rückert (1788-1866), Dichter und Sprachgelehrter, der uns orientalische und indische Poesie erschloss, war zumindest zeitweilig ein Eberner. Der Zeitgenosse und Freund von Jean Paul, Clemens von Brentano, Friedrich de la Motte Fouqué und Carl

Portrait des jungen Rückerts von Carl Krazeisen im Jahr 1817, aus dem Stadtarchiv Schweinfurt, Sammlung Dr. Rüdiger Rückert, A II 47-77.

AMARYLLIS

Komm, setz' dich, laß dir 'mal ins Antlitz schauen,
Laß deine Hand 'mal friedlich ruhn in meiner;
Ich will einmal als Zimmerer und Schreiner,
So gut ich kann, im Geist ein Hüttchen bauen.
Ganz schlecht und recht soll's sein, nicht viel behauen,
Ganz klein von außen, innen doch viel kleiner,
Nur groß genug mir einem und noch einer,
Die eine ist – was furchst du denn die Brauen?
So klein soll's Hüttchen sein, daß all vorüber
Ein jeder Wind geht, ohn' ans Dach zu hauchen,
Ein jeder Lärm zieht, ohn' ans Tor zu pochen.
Durchaus kein Platz, kein Raum im Hüttchen über,
Als nur so viel zwei jetzt zum Bette brauchen,
Ein drittes dann zur Wieg' in Jahr und Wochen.

Maria von Weber lebte von 1809 bis 1821 (bis zu seiner Heirat nach Coburg) im Alter von 21 bis 33 Jahren mit Unterbrechungen in seinem Elternhaus in Eberns Rittergasse. Mancherlei Gedichte, darunter frühe Liebeslieder an die kindliche Agnes Müller, entstanden in seiner Eberner Zeit. Es waren Werke, in denen Naturgefühl und Heimatliebe mit persönlichem Erleben zusammenklingen. Rückert war einer der bekanntesten Vertreter einer pseudoromantischen Richtung, welche das Ideal der Schönheit durch ungewöhnliche und komplizierte Strophenform und Reimkunst zu verwirklichen suchte. 1812 dichtete Rückert in seinem Eberner Elternhaus einen Sonettenkranz „AGNES' TOTENFEIER", der seiner früh verstorbenen Freundin Agnes Müller galt. Und im gleichen Sommer regte ihn die Liebe zu der 16-jährigen Maria Elisabeth Geuß, der Tochter des Gastwirts zur „Specke" in Eyrichshof, zu seinem berühmten Sonettenzyklus „AMARYLLIS" an. Sigmund Freud soll mit Vorliebe Friedrich Rückerts tröstende Erkenntnis „Was man nicht erfliegen kann, muss man erhinken" zitiert haben. Heute ist Rückerts Werk, das allein aus über 10.000 Gedichten besteht, mit Ausnahme einiger Aperçus, die sich im allgemeinen Wortschatz erhalten haben, nahezu in Vergessenheit geraten. Nur Liebhabern von Gustav Mahler und Franz Schubert ist der romantische Dichter durch die Vertonung ausgewählter Texte Rückerts nach wie vor präsent.

Wer Rückerts Heimat nachempfinden will, kann von Schweinfurt, dem Geburtsort Rückerts, bis Neuses (bei Coburg), wo der Dichter begraben wurde, den 143 km langen Friedrich-Rückert-Wanderweg verfolgen, der rund 30 km durch den Eberner Raum führt (Weiteres und Karten bei der Tourist-Information Ebern).

Dr. Ernst Schmidt

(1830-1900), Arzt, Revolutionär, Wahlkämpfer für Abraham Lincoln, Autor und Übersetzer von Longfellow, Markham und Poe, wurde am 2. März 1830 in Ebern als Sohn des Apothekers, Bürgermeisters und Landtagsabgeordneten Michael Schmidt am Marktplatz 7 geboren. In Deutschland vergessen, ist Dr. Ernst Schmidt in Historikerkreisen Nordamerikas kein Unbekannter. Der Grund liegt in seinem politischen Engagement für die Arbeiterbewegung in Chicago. Sein künstlerisch gestaltetes Grabmal ist heute noch auf dem Chicagoer Graceland-Friedhof erhalten.

Dr. Georg Anton von Huller

(1829-1883) wurde 1829 im Anwesen Kapellenstraße 29 in Ebern geboren. Von Huller brachte es zum Ministerialrat im Staatsministerium und galt als einer der tüchtigsten Verwaltungsbeamten des Landes. Jahrzehntelang war von Huller erfolgreich im Volksschulwesen tätig. Er war an sämtlichen großen Reformen, die das Volksschulwesen des Landes in der damaligen Zeit erfuhr, wesentlich beteiligt. 1876 erhielt er das Ritterkreuz des Verdienstordens der bayerischen Krone. Er wurde ferner Direktor des Verwaltungsgerichtshofes.

Johannes Schwanhauser

(1483/88-1528) zählt als eine der bedeutensten Persönlichkeiten, die aus Ebern hervorgegangen sind. Er entstammte einer einflussreichen Eberner Familie und studierte ab 1502 Theologie. Seit spätestens 1523 gilt Schwanhauser als Anhänger Martin Luthers. In Bamberg versuchten er und seine Anhänger die Lehre Luthers zu verbreiten. Seine reformatorischen Reden fanden bei der Bevölkerung großen Zulauf. 1524 verließ Schwanhauser Bamberg und ging als Prediger an das Katharinenkloster in Nürnberg. Die reformatorische Bewegung in Bamberg scheiterte in der Zeit nach dem Bauernkrieg 1525.

Grüner Gürtel

Eberns Anlagenring
ein Spaziergang entlang des ehemaligen Stadtgrabens

Nach dem Altstadtrundgang geht es ins Grüne, in den grünen Gürtel der Stadt, der in Ebern Anlagenring heißt, weil er entlang des einstigen Stadtberings verläuft. Der Grundstock für die städtischen Parkanlagen, die heute städteplanerisch gesprochen den „weichen Standortfaktoren" zuzurechnen sind, wurde mit dem Bau der **Walk-Strasser-Anlage** (1875-1879) gelegt. Die Namenspatrone dieses ersten Abschnitts des Anlagenrings sind der ehemalige Eberner Notar Walk (1827-1899) und der ehemalige Oberamtsrichter Strasser, der sich um die Schaffung des ersten Eberner Turnplatzes zwischen Grauturm und Diebsturm bemühte. Martin Walk gründete 1877 den

Eberner Verschönerungsverein, der die Auffüllung des versumpften Wallgrabens entlang der ehemaligen östlichen Stadtmauer initiierte. Die Walk-Strasser-Anlage beginnt am Grauturm und verläuft entlang der Stadtmauer zunächst in östlicher Richtung bis zum Diebsturm. Beim Überqueren der auslaufenden Rittergasse ist rechts etwas erhöht das 1920 erbaute ehemalige Forstamt zu sehen, das derzeit einer neuen Nutzung entgegenstrebt.

5 **7** Blick vom Grauturm auf den Diebsturm und den ersten Abschnitt der Walk-Strasser-Anlage entlang der Stadtmauer.

Vom Diebsturm aus, dessen Geschichte im Kapitel „Türme und Türmer" näher beschrieben ist, führt die Walk-Strasser-Anlage nordwärts Richtung Pfarrgartenturm. „Hoch auf der Stadtmauer neben dem Diebsturm sitzt ein reizvoll gebautes Gartenhäuschen und spielt ein bisschen Romantik", schwärmte Heimatpfleger Karl Hoch in seinem Ebern-Führer. Der Pavillon findet in der Nähe des Pfarrgarten-

Der augenfällige Kontrast zwischen der mittelalterlichen Maueranlage und dem Biedermeier-Pavillon wirkt dennoch nicht störend.

turms in der ehemaligen Sänger- und Poetenklause des Stadtpfarrers (1882-1896) Leopold Höhl ein Pendant. Beim Anblick der stellenweise mit Moos bedeckten und gut erhaltenen Doppelschalen-Stadtmauer und der hübschen, Anfang des 19. Jahrhunderts auf die Stadtmauer gesetzten Biedermeier-Häuschen fällt es leicht, sich für ein paar Augenblicke in Eberns Vergangenheit zurückzuversetzen und sich vorzustellen, wie sich der Stadtgraben an der Mauer entlang zog und sich dort, wo heute die Sport- und Schwimmhalle steht, ein Sumpfgelände um den Angersee ausdehnte. Es ist dem freiwilligen Muskel-Einsatz vieler Eberner Bürger zu verdanken, dass dieses Gelände trockengelegt werden konnte.

31 Parallel zur Walk-Strasser-Anlage dehnt sich Eberns großzügiger und wegen seiner Ausstattung und malerischen Lage stark frequentierter Wohnmobil-Stellplatz aus.

Der letzte Abschnitt der rund 0,6 km langen Walk-Strasser-Anlage führt schließlich vom Pfarrgartenturm weiter am Senioren- und Pflegeheim St. Elisabeth vorbei und schließlich entlang des Angerbachs bis zur Angerbachbrücke an der Kapellenstraße. Der Fußweg entlang des Angerbachs wurde 1973 im Zuge der Regulierung des Bachbettes in jetziger Form gestaltet.

Auf dem Luftbild ist die herzförmige Anlage des grünen Gürtels rund um Eberns Altstadt deutlich zu erkennen.

Jenseits der Kapellenstraße beginnt der zweite Teil des Anlagenrings: die **Friedrich-Rückert-Anlage**. Dieses schöne 0,4 km lange Teilstück des Anlagenrings wurde zwischen 1928 und 1932 mit tatkräftiger Unterstützung zahlreicher Helfer aus dem Sumpfgelände des Schwanhauser Grabens geschaffen. Die Friedrich-Rückert-Anlage zieht sich von der Kapellenstraße am Angerbach entlang bis zum Mühlgraben und von dort weiter bis zur Neubrückentorstraße.
In der Nähe der Mündungsstelle des Angerbachs in den Mühlbach haben die Eberner dem Namenspatron der Friedrich-Rückert-Anlage 1955 ein Denkmal gesetzt.
Den Gedenkstein aus Sandsteinblöcken schmückt das in eine Bronzetafel gegossene Konterfei Friedrich Rückerts, für das die Eberner fleißig Spenden sammelten. Wie berichtet wird, soll das Rückert-Denkmal in einer echten Gemeinschaftsleistung nach dem kostenlosen Plan von

Maurermeister Josef Stöhr mit gestiftetem Baumaterial errichtet worden sein. So viel war den Bürgern Eberns die Erinnerung an „ihren" Dichter-Sohn wert. Doch zurück zum Anlagenring. Auf der anderen Seite der Neubrückentorstraße beginnt die **Karl-Hoch-Anlage**. Dieses ebenfalls

1932 fertig gestellte Anlagenteilstück ist wie die Friedrich-Rückert-Anlage vorwiegend das Werk Karl Hochs und seiner zahlreichen freiwilligen Helfer. Die Karl-Hoch-Anlage ist nach dem bereits mehrfach zitierten Hauptlehrer, Heimatpfleger und späteren Schulrat von Ebern, Karl Hoch

Gepflegte Fußwege prägen das Bild des Anlagenrings.

(1889-1974) benannt, dem für „seine hervorragenden Verdienste um die Verschönerung und kulturelle Hebung der Stadt" 1932 die Ehrenbürgerschaft verliehen wurde. Sie führt zunächst ein Stück im ehemaligen Wallgraben am Mühlviertel entlang. Über einen Steg wird der Mühlbach überquert. Hier beginnt die 1959/60 fertig gestellte jüngste Erweiterung der Karl-Hoch-Anlage. Zwischen dem Weg und dem Mühlgraben steht seit 1965 die Skulptur „Werden-Sein-Vergehen" der Bonner Bildhauerin Yrsa von Leistner. Sie wurde in die Denkmalliste aufgenommen.

1957 fasste Karl Hoch, dem aus Dankbarkeit im Eberner Heimatmuseum ein ganzes Zimmer gewidmet worden ist, den Plan, den bisherigen Anlagenring zu erweitern und aus den feuchten und sauren Wiesen

32 Ernst und würdevoll schaut Friedrich Rückert von dem ihm gesetzten Denkmal in seine zeitweilige Heimat, in der er seine Jugendlieben fand.

des ehemaligen Hirten-
sees einen Park zu schaf-
fen. Dazu mussten rund
11.000 Quadratmeter
Fläche höher gelegt wer-
den, 90 Lastwagen Schutt
waren dazu notwendig.
Hoch schreibt in seinen
Memoiren dazu:

33 Jenseits von Klein-Nürnberg bildet
die Karl-Hoch-Anlage eine Stätte
stiller Besinnlichkeit.

*„**Im geschützteren** Teil der
Anlage, den die Menschen
„Eberner Riviera" tauften, weil hier Nord- und Ostwinde nicht bei-
kommen und von der hoch liegenden Stadt angehalten werden, lag der
Hirtensee, einst das Ablaufbecken des mittelalterlichen Wallgrabensys-
tems, dann feuchte, sumpfige Wiesen ... . Als ich nun mit Bürgermeister
Merkl über meinen Plan sprach, die Hirtenseewiesen in einen modernen
Park zu verwandeln, war er hoch begeistert. Er brachte die Sache vor den
Stadtrat, der dem Plan einstimmig seine Genehmigung gab, um so mehr,
als die Gestaltung mit den großen Bodenbewegungen, mit der metertiefen
Rollierung der Wege, Plätze etc. der Stadt keinen Pfennig kosten sollte."*

Von der Karl-Hoch-An-
lage führt ein steiler
Hohlweg wieder am Poli-
zeigebäude vorbei nach
Klein-Nürnberg und von
dort zum Ausgangspunkt
des Spaziergangs, dem
Grauturm.

Blick vom Grauturm auf das Areal des
ehemaligen Hirtensees, wo heute innerhalb der Karl-Hoch-Anlage ein
zauberhafter Park angelegt ist.

Burgen und
Schlösser

Burgen, Schlösser und Ruinen
Spuren der Vergangenheit im Eberner Land

Leere Fensterhöhlen in der Ruine Raueneck.
„Der Stein hört nicht auf Stein zu sein, aber er ist geladen mit geistiger Spannung" (Ortega y Gasset).

Die Stadt Ebern liegt nicht nur an der Straße der Fachwerk-Romantik, sondern auch am Burgen- und Schlösser-Wanderweg. Die imposanten, gut erhaltenen Burgruinen und die kleinen und großen Schlösser geben dem Eberner Land ein kulturhistorisch besonderes Gepräge. Sie sind, wie es der Bamberger Burgenforscher Dr. Joachim Zeune formuliert, „eindrucksvolle und beredte Zeugnisse einer Zeit, die unser heutiges Landschaftsbild und unsere modernen Lebensformen tatsächlich entscheidend mitgeformt hat". Und sie laden förmlich dazu ein, tiefer in die Vergangenheit einzutauchen. Bei einem Besuch in den alten Mauern ist der Hauch dessen, was sich in ihnen einmal ereignet hat, noch spürbar. Alle Burgruinen, von denen in diesem Kapitel die Rede ist, stehen Besucherinnen und Besuchern offen. Die vorgestellten Schlösser werden noch von Adelsfamilien bewohnt und lassen sich deshalb (bis auf Schloss Gereuth) nur von außen besichtigen.

Traditionelles Oldtimer-Treffen im Hof des Schlosses Eyrichshof.

Burgruine Bramberg

Wie die frühe Burg Bramberg ausgesehen hat, ist heute nicht mehr rekonstruierbar. Denn von der ersten Burg,

auf der schon 1108 mit den beiden Edelfreien Hermann und Stephan von Bramberg eines der mächtigsten Geschlechter der Gegend saß, steht offenbar kein einziger Stein mehr. Nur die mächtigen Ring- und Halsgräben, welche die Burg nach Südosten umfrieden, stammen aus dieser Zeit. 1168 ließ Kaiser Barbarossa die Burg schleifen

Durch einen Torbau aus dem 15./16. Jahrhundert betritt man den geräumigen Vorhof. Im Gebäudetrakt links befand sich die Torwart-Wohnung. Rechts türmt sich im Hintergrund der Hauptbau auf.

und dem Hochstift Würzburg übergeben. Dieses baute die Burg trotz Verbots als Würzburger Amtssitz vor 1338 wieder auf. 1525 nahm die Burg im Bauernkrieg erneut Schaden. Ihr Niedergang und Verfall begann 1560, als das Doppelamt Bramberg-Raueneck mit dem Hauptsitz Raueneck entstand. Das Außentor, durch das die Ruine heute betreten wird, stammt aus dem 15./16. Jahrhundert und lehnt sich gegen eine ältere Ringmauer. In die Kernburg führt ein im 16. Jahrhundert angebauter Torturm. Im Obergeschoss befanden sich Wohn- und Repräsentationsräume, während das Untergeschoss Lager- und Verwaltungszwecken diente. Bemerkenswert sind auch die vielen Gewölbekeller.

Das Gelände um die Burg fällt ringsum steil ab.

Wanderung von Hohnhausen zur Burgruine Bramberg
Markierung: Milan und Burgenweg
Länge: ca. 8 km

Unmittelbar am Nordfuß der fast 500 Meter hohen Basaltkuppe des Brambergs liegt der Ort Hohnhausen. Die
Wanderung startet am Parkplatz am Ortsrand in Richtung
Bischwind a. R.; der Straße noch einige Meter ortsauswärts
folgen und beim Wegweiser nach rechts in die Forststraße
einbiegen. Über Forstwege *(Markierung Milan beachten)* und
dann steiler auf einem Waldpfad geht es nach oben. Ein
Stichweg führt zur Burgruine. Am Eingang informiert eine
Tafel ausführlich über die Geschichte der Burg. Nach Norden

(gegen Ibind und Fitzen-
dorf) und Südosten (Haß-
wald mit Stachel) eröffnen
sich schöne Ausblicke.
Auf Waldpfaden und
-wegen, ebenfalls mit der
Markierung Milan, geht
es anschließend in weitem
Bogen wieder bergab zum
Parkplatz.

Wer die Burgruine ohne größere Wanderung besichtigen
möchte, hat auch dazu die Möglichkeit. Sie fahren von
Bramberg aus Richtung Hohnhausen. Wenige hundert Meter
hinter dem Bramberger Friedhof sehen Sie nach einer Kurve
ein Wanderschild mit Hinweis auf einen Parkplatz im Wald.
Biegen Sie links in die Stichstraße ein, die zum Parkplatz
führt, von wo aus man zu Fuß in 15 Minuten bergan die
Ruine bequem erreicht.

*Als zuverlässiges Kartenmaterial kann ich die offizielle Karte des Natur-
parks Haßberge e.V., Naturpark Haßberge 1:50.000, mit Wanderwegen
und Radwanderwegen ausdrücklich empfehlen. Sie ist im örtlichen
Buchhandel und bei der Tourist-Information erhältlich.*

Burgruine Raueneck

Die Burgruine Raueneck liegt am Westhang des 431 Meter hohen Haubeberges, der sich nördlich von Vorbach erhebt. Als Erbauer der Burg Raueneck gilt das einflussreiche Adelsgeschlecht der Edelfreien von Bramberg, die sich einige Jahrzehnte nach der Zerstörung der Burg Bramberg 1168 hier niederließen

Der heute dominante Bau ist der mehrgeschossige Wohntrakt am Nordende der Hauptburg.

und den Namen des neuen Besitzes adaptierten. 1231 übergab der Edelfreie Ludwig von Ruheneke seine halbe Burg dem Bischof von Würzburg als Lehen. Von 1378 bis 1476 hielt das Ministerialengeschlecht der Marschalks die Burg. In diese Zeit fallen aufwändige Baumaßnahmen. Um 1560 wurde Burg Raueneck Sitz des Doppelamtes Bramberg-Raueneck. Trotz einiger Plünderungen scheint die Burg sowohl den Bauernkrieg als auch den 30-jährigen Krieg gut überstanden zu haben. 1685 zog das Doppelamt nach Ebern. Ab 1720 verfiel die sehr großflächige Burganlage zusehends. 1829 kam sie an die Rotenhan. Die Burgruine Raueneck umfasst nicht nur Reste der eigentlichen Hauptburg, sondern auch noch ein weiträumiges Areal unterhalb der Burgruine. Dort

Um die geheimnisvollen Mauerreste von Raueneck ranken sich viele Sagen.

erstreckte sich eine große Vorburg mit Stallungen, Speichern, Scheunen und Werkstätten. Um zur Burgruine Raueneck zu gelangen, fährt man von Ebern in westlicher Richtung über Unterpreppach nach Vorbach und weiter Richtung Neuses. Auf halbem Weg befindet sich links am Waldrand ein Parkplatz. Rechts der Straße beginnt der mit einem Milan markierte Weg zur Ruine.

Burgruine Rotenhan

Die Stammburg Rotenhan war eine der wenigen echten Felsburgen Süddeutschlands. In ganz Bayern gibt es keine vergleichbare Burg. Ähnlich in den Fels eingearbeitete Anlagen sind nur aus anderen Sandsteingebirgen wie dem Elsaß, den Vogesen, der Pfalz oder dem Elbsandsteingebirge bekannt. Die intensive und sorgfältige Felsbearbeitung zeigt, dass hier eine Familie baute, die es sich leisten konnte, den Burgfels in die Architektur einzubeziehen. Es liegt nahe, dass die Adelsfamilie Rotenhan die Burg auf einem durch Rodung eingehegten Gebiet (gerodeten Hagen = Einfriedung) um 1200 erbaut und sich nach ihr benannt hat. Der gewählte Standort lag einst weithin sichtbar etwa 100 Meter über dem Talgrund der Baunach. 1232 wurde die Burg mit Kapelle erstmals direkt genannt. Die Burg Rotenhan dürfte nur etwa 100 Jahre alt geworden sein. 1322/23 hat sie der Würzburger Bischof Wolfram von Grumbach eingenommen und ihre Schleifung erzwungen, weil der Besitzer, Wolfram von Rotenhan, dort angeblich Papstmünzen prägen ließ und sich überdies des Totschlags einiger Stiftsbürger und des Viehraubs schuldig gemacht hatte. Tatsächlich aber scheint der Bischof eine Krise eines der bedeutsamsten Adelsgeschlechter dieser Gegend ausgenützt zu haben, um die Burg unschädlich zu machen, und die Familie Rotenhan als wichtige Ministerialen des Bamberger Hochstifts zu schwächen. Die Familie der Rotenhan zog nach der Zerstörung ins Tal hinab und erbaute die Schlösser in Fischbach und in Eyrichshof.

Der Felsklotz rechts war massiv überbaut, wie die Fundamentabtreppungen beweisen. Links die spitzbogige Tür zum ehemaligen Aufbau.

Die Burgruine Rotenhan liegt nur wenig entfernt vom Ortsteil Rotenhan. Sie fahren von Ebern nach Eyrichshof und biegen gegenüber der Schlosseinfahrt ab in Richtung Kurzewind, Gereuth, Untermerzbach. Vom Ortsteil Rotenhan fahren Sie noch ein Stück in Richtung Kurzewind. Nach einigen hundert Metern bergauf öffnet sich links ein Waldparkplatz. Auf dessen abgewandter Seite, wenige Schritte in den Wald hinein, finden Sie die Burgruine. Von Ebern aus führt auch ein gut ausgebauter Radweg nach Eyrichshof.

Man kann die Strecke ebenfalls bequem erwandern. Am 6. Juli 2006 wurde die Ruine Rotenhan in die Gruppe der 100 schönsten bayerischen Geotope aufgenommen.

Die Fußgängerpforte benutzten späte Ankömmlinge, wenn das Haupttor abends verschlossen war.

Der Falschmünzer auf Rotenhagen

Zur Zerstörung der Burg Rotenhan berichtete M.L. Fries in der „Würzburger Chronik" 1546 Folgendes:

„Ritter Wolfram von Rotenhan hatte auf seinem Schloss einem bösen Buben, der falsche Münzen machte, den Aufenthalt gestattet. Aufgebracht hierüber zerstörte Bischof Wolfram das Schloss Rotenhan und entriss dem Ritter die Güter. Letztere wurden ihm beinahe alle durch die Verwendung König Ludwigs wieder zurückgegeben mit der Bedingung, dass er und seine Nachfolger diese vom Stifte Würzburg als Lehen tragen sollten, obgleich sie zuvor sein Eigentum gewesen waren. Diese Verschreibung geschah am 7. des Brachmonats 1324."

Schloss Eyrichshof

Schlossansicht vom Vorhof. Hier findet regelmäßig das Oldtimer-Treffen statt, ebenso im Sommer ein großes Gartenfest, bei dem Händler Pflanzen und Kunstvolles für die Gartengestaltung anbieten.

Das prachtvolle, mit seinen vielen Treppengiebeln und Türmen pittoresk anmutende Schloss Eyrichshof ist heute noch immer Sitz der freiherrlichen Linie von Rotenhan. Es liegt unübersehbar an der aus Ebern führenden Straße im Stadtteil Eyrichshof. Dieser Platz ist schon 1232 als Iringerstorff erstmals erwähnt und umfasste vermutlich auch einen der Burg Rotenhan angegliederten Wirtschaftshof, den die Rotenhan nach der Zerstörung der Burg Rotenhan 1330/40 befestigten und zu einer neuen Burg ausbauten. Wie die damals erbaute Burg aussah ist nicht weiter bekannt. Vermutlich handelte es sich aber um einen zentralen Wohnturm mit turmbewehrter Ummauerung. Nachweislich ist diese Burg 1525 im Bauernkrieg arg zerstört worden. Doch 1533 begann unter Eyring von Rotenhan bereits der Wiederaufbau, wie ein 1539 datiertes Wappen am Südostturm beweist. Unter Sebastian II. entstand ab 1580 der Großteil des heutigen Schlosses mit dem eindrucksvollen Erker der Südfassade und dem aufragenden Südwestturm und der Umwehrung des Vorhofes. Ein breiter Wassergraben umgab das Schloss, über den eine Zugbrücke führte.

Auf der Steintafel über der geschwungenen Sandsteinbank ist zu lesen: *„Dieser Gutshof wurde von Sigmund und Marianne von Rotenhan im Jahre 1889 erneuert."*

Ab Ende des 17. Jahrhunderts wandelte sich das Schloss Eyrichshof zu einem Barockschloss mit Lustgarten und neuem Nordflügel. Bereits 1685/86 hatte Elisabeth Sophie von Rotenhan die durch Blitzschlag eingeäscherte protestantische Kirche neu erbauen lassen. Bis 1850 war der Wassergraben gänzlich zugeschüttet, die Zugbrücke abgebrochen und die jetzigen Wirtschafts- und Gesindebauten ent-

Auf den älteren Sockel des südöstlichen Rundturms wurde 1539 ein mehreckiges Obergeschoss aufgesetzt.

standen. Heute setzt Schloss Eyrichshof einen denkmalpflegerisch gelungenen Akzent im geschichtsträchtigen Baunachgrund.

Wie Eyrichshof seinen Namen erhielt

Hierzu erzählte Julius Freiherr von Rotenhan in „Geschichte der Familie Rotenhan, ältere Linie", Würzburg 1865:

„Die Gemahlin Wolframs III., Luidgarde, geborene von Schaumberg, soll bei der Zerstörung der Burg Rotenhan 1323 im Burgkeller, in den sie sich geflüchtet hatte, verschüttet worden sein und habe da ihr Leben nur dadurch fristen können, dass eine dort mit verschüttete Henne ihr täglich ein Ei gelegt habe. Als sie wieder aus dem Keller befreit worden war, habe sie aus Dankbarkeit die Henne mitgenommen und bestimmt, dass da, wo dieselbe das erste Ei legen würde, das neue Schloss erbaut werden sollte. Vom Berg herabgestiegen, habe sie die Henne laufen lassen, und diese habe da, wo jetzt das Schloss steht, ihr Ei gelegt, weshalb man dort auch das Schloss erbaut und es danach Eyrichshof genannt habe."

Schloss Fischbach

Nur 2,5 Kilometer von Schloss Eyrichshof entfernt befindet sich im Eberner Stadtteil Fischbach ein weiteres Schloss der Familie Rotenhan, ein kleiner, bescheiden wirkender zweigeschossiger Renaissancebau. In der Familiengeschichte des Julius Freiherr von Rotenhan (1805-1882) ist zu lesen, dass in Fischbach bereits in der zweiten Hälfte des 13. Jahrhunderts eine Burg gestanden haben soll, die gleichzeitig mit der Burg Rotenhan zerstört und vermutlich 1332 wieder aufgebaut wurde. Belegt ist, dass Peter zu Lichtenstein 1473 Reparaturarbeiten am Schloss Fischbach durchführen ließ. Die umfangreichen Schäden des Bauernkrieges wurden unter Eyring von Rotenhan beseitigt. Ein Wappenrelief mit der Jahreszahl 1530 über dem kleinen Tor am nördlichen Treppenturm mit Fachwerkaufbau erinnert an die Wiederherstellung. Das 1600 aufgesetzte Fachwerkgeschoss wurde 1707 durch Brand zerstört, abgetragen und erst 1952-55 im Zuge umfangreicher Auf- und Ausbaumaßnahmen wieder aufgebaut. Wer gerne einmal in einem Schloss wohnen möchte, kann dies in der 72 Quadratmeter großen Ferienwohnung tun, welche die Familie von Rotenhan im Parterre des Schlosses für Feriengäste anbietet.

Das Schloss Fischbach ist von Ebern aus bequem über den gut ausgebauten Radweg R 11 zu erreichen.

Schloss Rentweinsdorf

Im rund 4 Kilometer südlich von Ebern gelegenen Rentweinsdorf sind die Rotenhan urkundlich seit der zweiten würzburgischen Belehnung des Wolfram von Rotenhan 1333 nachweisbar. Das im Bauernkrieg zerstörte alte Rentweinsdorfer Schloss dürfte aus einem etwas erhöht

Schlossansicht vom Dorfplatz aus. Von Ebern führt ein gut ausgebauter Radweg nach Rentweinsdorf.

stehenden gotischen Haus am Ortsrand hervorgegangen sein. Skizzen des ab 1533 wieder aufgebauten Schlosses dienten 1750 für die Umgestaltung im Auftrag von Freiherr Johann Friedrich von Rotenhan. Bis ins 18. Jahrhundert teilten sich mehrere Rotenhan-Familien das Schloss, wodurch immer wieder Neu- und Anbauten entstanden. Die schöne Gartenseite von Schloss Rentweinsdorf blickt über eine hohe Terrasse und eine breite Steintreppe nach Osten in den Schlosspark an der Baunach. Friedrich Rückert war um 1810 gern gesehener Gast im Schlossbereich, als er sich hier um die Amtmannstochter Agnes Müller bemühte. Das bewohnte Schloss ist im Familienbesitz derer von Rotenhan.

Das Schloss Weißenbrunn ist heute in Privatbesitz.

Schloss Weißenbrunn

Ein auch im Inneren schlichtes, kleines Schloss im Übergangsstil von Barock zu Rokoko, vermutlich 1723 erbaut, steht im Eberner Stadtteil Weißenbrunn. Als Erbauer wird Generalfeldmarschall-Leutnant Franz Philipp von Boineburg oder dessen Erben vermutet. Auch dieses Schloss hatte vermutlich einen im Bauernkrieg zerstörten

Vorgängerbau. Eine Urkunde von 1177 erwähnt einen Herold von Wizenbrunn. Im 14. Jahrhundert waren die Herren von Fuchs in Weißenbrunn ansässig.

Schloss Gereuth

Das einst hochherrschaftliche Schloss Gereuth steht heute jedermann offen.

Rund fünf Kilometer nordöstlich von Ebern liegt Gereuth unterhalb des Höhenzuges zwischen Baunach und Itz. Seit 1991 ist der Ort Gereuth als einzigartiges Bauensemble in die Denkmalliste eingetragen. Das als Wirtschaftsgebäude dienende alte Schloss (um 1600), die von Joseph Greising 1714/17 erbaute Pfarrkirche und das neue Schloss bilden zusammen eine prachtvolle Baugruppe. Das einstige Rittergut Gereuth war seit dem 14. Jahrhundert im Besitz verschiedener Familien und kam 1706 durch Kauf an Carl Philipp Freiherr von Greiffenclau-Vollraths, der das dreiflügelige Wasserschloss im Stil des Spätbarock erbauen ließ. Die drei Baukörper umschließen rechtwinklig einen nach Norden gelegenen Hof. Er wird durch ein schönes Portalgitter gegen den Graben abgeschlossen; an den beiden Ecken stehen achteckige Pavillons mit Kuppeldächern. 1814 erwarben die Freiherren von Guttenberg das Schloss und verkauften es ein Jahr später an Jakob Freiherrn von Hirsch. 1859 übernahm die Familie Prieger Schloss Gereuth und sanierte es.

Nach weiteren zwei Privatbesitzern ist das Schloss heute, wiederum in Privatbesitz, einem neuen Zweck als Hochzeits-Schloss, Ort für kulturelle Veranstaltungen, Feriendomizil, fürstlicher Ort für Seminare und Feste zugeführt worden.

Alte Kreuzgewölbe finden sich in der großen Schlossküche im Erdgeschoss. Hier gibt es sonntags und feiertags Kaffee und Kuchen.

Burgruine Altenstein

Ihre imposante Lage auf einer Felskuppe 150 Meter hoch über dem Weisachtal macht die schon von weitem sichtbare Burgruine Altenstein zu einem beliebten Ausflugsziel. Um zu ihr zu gelangen, fährt man von Ebern nach Pfarrweisach und weiter nach Junkersdorf. Dort geht am Ortseingang rechts die Straße nach Altenstein ab. Über die frühe Geschichte der Burg ist nur wenig Sicheres bekannt. Der

Blick vom Burggraben auf die Burgkapelle mit ihrem 1438 erbauten Chor, der auf einem 1420/30 erbauten Mauerzug steht.

Platzname „Alter Stein" legt, laut Burgenforscher Dr. Joachim Zeune, die Existenz einer noch älteren Burganlage an gleicher Stelle oder in direkter Umgebung nahe. Ab dem späten 13. Jahrhundert war Altenstein eine Ganerbenburg, auf der 1441 fünf Familien lebten. Altenstein wurde 1525 im Bauernkrieg teilweise zerstört, 1567 durch Wolf Dietrich von Stein wieder aufgebaut und neu befestigt, doch 1632 im Dreißigjährigen Krieg nochmals in Teilen zerstört. Trotz mehrerer Notinstandsetzungen verließen die Freiherren von Stein im Jahr 1703 die teilverfallene Burg und zogen in ihr Schloss in Pfaffendorf. Ab 1790 war die Burg gänzlich dem Verfall preisgegeben. 1972 gelangte die Burgruine Altenstein in den Besitz des Landkreises Haßberge, der sie aufwändigen Sicherungs- und Sanierungsarbeiten unterzog und kulturtouristisch erschloss.

Burgfräulein bei der Wiedereröffnung der Burganlage nach Abschluss der Sanierungsmaßnahmen.

Wanderung von Altenstein nach Lichtenstein und zurück
Markierung: Milan
Länge: ca. 14 km

Wer die beiden etwa in gleicher Höhenlage (450 m) gelegenen Orte mit ihren Burgruinen in einer Rundwanderung verbinden will, sollte mindestens eine Halbtagestour dafür einplanen. Startpunkt ist beim Parkplatz neben dem Altensteiner Freibad. Sie durchqueren entlang der Hangkante die Siedlung „Ebene" und biegen schon bald nach Eintritt in den Wald in einen Pfad nach rechts, wo Sie zum „Geißstein" und, der Markierung Milan folgend, etwa 2 km weiter zu der noch beeindruckenderen Rhätsandstein-Felsgruppe „Diebskeller" gelangen. Auf einer Forststraße geht es hinauf nach Lichtenstein. Hier folgt unbedingt ein Rundgang durch die Burgruine der Nordburg und das Felslabyrinth. Vom Garten der Burgschänke aus ergibt sich ein besonders schöner Blick auf die heutige Südburg. Der Rückweg nach Altenstein verläuft auf dem Höhenkamm nahezu eben.

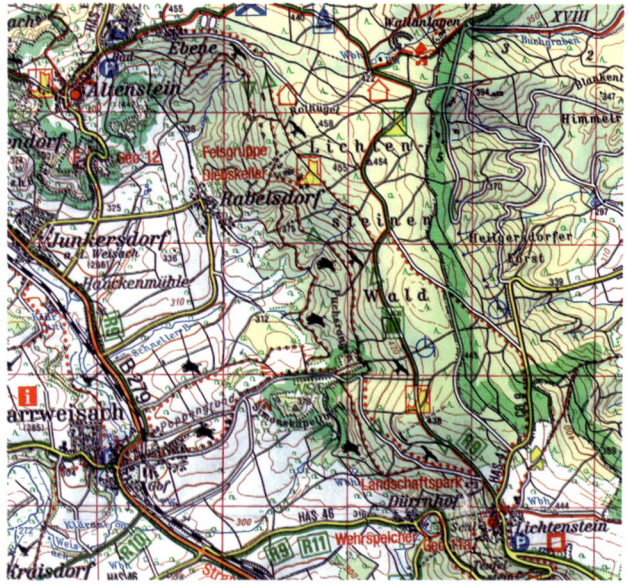

Burgruine Lichtenstein

Wenige Kilometer südöstlich von Pfarrweisach erhebt sich vom Hochplateau des Lichtensteiner Waldes, rund 120 Meter über dem Baunachtal, die Burgruine Lichtenstein. Sie ist mittlerweile eine der besterforschten Burgruinen Deutschlands. Von Ebern

Von der Ruine Lichtenstein genießt man einen herrlichen Ausblick.

fährt man auf der B 279 nördlich und biegt wenige hundert Meter hinter der Abfahrt nach Fischbach rechts Richtung Herbelsdorf ab und weiter nach Lichtenstein. Die erste Besiedlung des Burggeländes erfolgte nach Ausweisung der archäologischen Funde im frühen 13. Jahrhundert mit dem Aufmauern der Nordburg, die zwischen mehreren Sandsteinfelsen als Ringmauerburg mit vorgeschobenem Bergfried und rückseitigem Pallas mit Kapelle entstand. Mitte des 14. Jahrhunderts, als mehrere Adelsfamilien Besitzanteile an der Burg erhielten, erfuhr die Burg mehrere größere Umbaumaßnahmen. Um 1420/30 sind weitere Baumaßnahmen durch den Würzburger Bischof überliefert, in dessen Besitz

Der Landkreis Haßberge hat als Besitzer der Burgruine für eine intensive kulturhistorische Erschließung und Information der Besucher gesorgt.

sich die Burg mittlerweile befand. Nach der Beschädigung im Bauernkrieg 1525 verfiel die zunächst notdürftig instand gesetzte Burg im 17./18. Jahrhundert zusehends. Mitte des 19. Jahrhunderts sorgte die gräfliche Linie Rotenhan für eine Umgestaltung. Treppen und noch heute erhaltene Fratzen wurden eingehauen, das Felslabyrinth angelegt und die Burghöhlen zu Lagerkellern umfunktioniert.

Burg Lichtenstein

Die heutige Südburg entstand 1330 anstelle der einstigen Vorburg. Gegen Mitte des 14. Jahrhunderts residierten zeitweise sechs bis sieben verschiedene Familien auf Lichtenstein. Zwei Ansitze innerhalb der Südburg sind deshalb als Wohntürme ausgebildet. Davon ist einer als Ruine, der an

Vom Garten der Burgschänke aus ergibt sich ein schöner Blick auf die heutige Südburg.

dere als Kernbau der Südburg erhalten geblieben. Dieser erhaltene Wohnturm mit seinen vier Geschossen, den bis zu 3 Meter dicken Mauern und den Geschosserkern stand bei seiner Erbauung um 1330 völlig frei innerhalb eines kleinen Hofes. Die andere Turmburg erhob sich am Platz der barocken Kirche. Als die Lichtensteiner um 1565 wieder in den Alleinbesitz der Burg gelangten, bauten sie die Südburg weiter aus und errichteten den heutigen Wehrgang der Ringmauer. Auch in den nachfolgenden Jahren kam es immer wieder zu erneuten Um- und Ausbauten. So entstand der Fachwerkaufsatz auf dem inneren Torbau, der „Lug ins Land" erst um 1860. Die Burg befindet sich seit 1909 im Besitz der freiherrlichen Linie der von Rotenhan. Weil sie bewohnt ist, kann man sie nur von außen besichtigen.

Das Leben in einer Ganerbenburg ist mit dem in einem Mehrfamilienhaus vergleichbar. Um ein verträgliches Miteinander zu gewährleisten, wurden wechselseitig komplizierte Burgfriedensverträge geschlossen. Diese regelten nicht nur Pflichten und Aufgaben der Burgbewohner, sondern schrieben auch die Besitzverhältnisse eindeutig fest, was verhinderte, dass sich gegnerische Parteien in der Burg festsetzten.

Ton angebend

Ebern ein zentraler Ort

oder auf dem Weg vom frühen Zentrum des Tons zum möglichen Mittelzentrum

Blick auf die Stadt Ebern von Südwesten.

Das heutige Ebern ist ein zentraler Ort auf dem Weg zum Mittelzentrum. Folgt man der wirtschaftsgeografischen Definition des Begriffs „zentraler Ort", dann ist die Stadt Ebern ein Mittelpunkt des wirtschaftlichen, sozialen und kulturellen Lebens für ihren Verflechtungsbereich. Sie gewährleistet die Versorgung der Bevölkerung ihres Verflechtungsbereichs mit Gütern und Dienstleistungen unterschiedlicher Stufen und trägt bei der Entwicklung der Siedlungsstruktur zu einer gesunden Verdichtung bei. Mit ihrem gut erhaltenen, historisch geprägten Ortskern, den Neubaugebieten in der Kernstadt und den idyllisch gelegenen, geschichtsträchtigen Stadtteilen sowie den drei

Gewerbegebieten bietet die Stadt Ebern attraktive Standortvoraussetzungen. Durch den Bau der innerstädtischen Verteilerspange als Entlastungsstraße hat die Stadt für eine erhebliche Entlastung der Innenstadt gesorgt und gute Rahmenbedingungen für die gewerbliche Wirtschaft an der Entwicklungsachse der Bundesstraße 279 geschaffen. Die Wirtschaftskraft der Stadt Ebern speist sich heute aus einem Miteinander von Industrie, Dienstleistung, Handel und Handwerk. Letzteres erwachte im frühen 19. Jahrhundert zur vollen Blüte. Die allmählichen Lockerungen

Im Hintergrund des Eberner Siedlungsgebietes „Steinberg" sind die beiden Strom liefernden Windräder auf dem Bretzenstein zu sehen.

des Zunftwesens bis zur völligen Gewerbefreiheit im Jahr 1868 wirkten sich günstig auf das Wirtschaftsleben der Stadt aus. So ist Aufzeichnungen aus dem Jahr 1827 zu entnehmen, dass die Eberner Einwohner zu diesem Zeitpunkt größtenteils „Gewerbsmeister" waren. 1815 lagen neben Bäckern, Metzgern und Schustern vor allem die

Historische Tonwaren aus der Stadt Ebern und dem Eberner Umland sind im Heimatmuseum zu besichtigen.

Häfner mit 17 Meistern zahlenmäßig an der Spitze der Handwerker im Bezirk Ebern. Ihre Zahl nahm erst ab Mitte des 19. Jahrhunderts drastisch ab. Das Häfnerhandwerk hat in Ebern und Umgebung eine mehrere Jahrhunderte zurückreichende Tradition, worauf an dieser Stelle mit einigen Erläuterungen näher eingegangen werden soll. Die frühesten Hinweise auf Häfnerarbeiten in der Stadt Ebern finden sich in Rechnungen des Spitals und der Stadt im 16. Jahrhundert.

Die ältesten bekannten Tongruben, aus denen zwischen

1248 und 1308 die Waldtöpferei der Grafen von Truhendingen den Ton für ihre herausragenden Produkte bezogen haben soll, lagen im Lußberger Forst am gleichnamigen Berg. Ab etwa dem 17. Jahrhundert wurde Ton aus den bedeutenden Vorkommen der schwarzen und

blauen Tongrube im südwestlich von Ebern gelegenen Haßwald gewonnen. Die daraus gefertigten vielfältigen und vor allem hochwertigen Produkte wurden als begehrte Han-

Die Töpferei von Barbara Zehender im ehemaligen Bürgermeisterhaus in Jesserndorf.

delsware bis nach Nürnberg und Würzburg exportiert. In Ebern selber wurde Ton am Steinberg gegraben. Dieser soll noch dem bis etwa 1950 in Klein-Nürnberg tätigen Eberner Häfner, Anton Schäfer, als Arbeitsmaterial für verschiedene Tonwaren, hauptsächlich aber Geschirr, gedient haben. Im Eberner Heimatmuseum sind gut erhaltene Tonwaren, wie sie die Eberner Häfner auf den umliegenden Märkten einst feil boten, ebenso zu betrachten wie Tonscherbenfunde aus der Frühzeit des Häfnerhandwerks vom Lußberg. Dass das für Ebern so traditionsreiche Handwerk noch im-

mer nicht ausgestorben ist, hat die Stadt Ebern der Jesserndorfer Töpferin Barbara Zehender zu verdanken, die seit mehr als 20 Jahren im Eberner Stadtteil Jesserndorf eine schmucke, weit über die Grenzen Eberns hinaus bekannte Töpferwerkstatt betreibt.

Töpferwerke heute.

Bis in die Zeit des Zweiten Weltkrieges wurde die damals 821 Hektar große Stadtflur fast ausschließlich land- und forstwirtschaftlich genutzt. Noch in den dreißiger Jahren des 20. Jahrhunderts zählte die Stadt Ebern 66 landwirtschaftliche Betriebe über zwei Hektar.

„Die Bevölkerung des diesseitigen Physikatsbezirkes nährt sich von Oekonomie, Viehzucht, Handel, Gewerbe und Taglohn, zerfällt also im Allgemeinen in Ökonomen, Handelsleute, Professionisten und Taglöhner, welche in den waldreicheren Theilen des Bezirks, wie in Vorbach, sich vorzüglich mit Waldarbeit beschäftigen. Die am meisten vertretene Classe sind die Oekonomen, als dann die Professionisten und Taglöhner an welch Letzteren nicht selten besonders im Sommer die hiesige Gegend Mangel leidet und zuletzt die Handelsleute. ...", schrieb Dr. Georg Friedrich Christenn, Landgerichtsarzt in Ebern 1861 in seinem Physikatsbericht für den Landgerichtsbezirk Ebern. Industriestandort wurde Ebern erst ab 1940 durch die Ansiedlung eines Zweigwerkes der Schweinfurter Firma FAG Kugelfischer Georg Schäfer & Co. Ab 1941 wurden Teile der Kugelfertigung von Schweinfurt und Eltmann nach Ebern verlagert. Nach der Demontage 1946/47 erfolgte der Wiederaufbau. Ab 1950 wurden im so genannten „Kufi-Werk" Autoteile entwickelt und gefertigt. Mittlerweile ist aus dem einstigen Eberner FAG Werk das Unternehmen FTE automotive geworden, mit weltweit 3.200 Beschäftigten der größte Arbeitgeber der Stadt. Aus Dresden und Bautzen kam nach 1945 im Zuge der deutsch-deutschen Grenzziehung ein weiteres, noch heute in der Stadt ansässiges Unternehmen nach Ebern, die Firma Weigang Organisation. Beide Firmen boten den in großer Zahl im Sommer 1945 vor allem aus dem Sudetenland nach Ebern gelangten Heimatvertriebenen einen

Polit-Prominenz zu Besuch beim größten Arbeitgeber der Stadt.

sicheren Arbeitsplatz, so dass die Bevölkerungszahlen Eberns in dieser Zeit sprunghaft anstiegen.

Ältere Eberner werden sich noch an die Gesichter erinnern: Der vorletzte Eberner Kreistag 1960 bis 1966.

Die heutige Ausdehnung der Stadt Ebern über eine Fläche von etwas mehr als 95 Quadratkilometern mit insgesamt 7.427 Einwohnern (Stand Oktober 2007) entstand schrittweise in den siebziger Jahren des 20. Jahrhunderts im Zuge der Gemeindegebietsreform. Heute zählen 17 ehemalige Gemeinden mit insgesamt 35 Dörfern und Weilern zur Großgemeinde Ebern. Seit 1978 ist Ebern zudem Sitz einer Verwaltungsgemeinschaft, der auch Pfarrweisach und Rentweinsdorf angehören. Seit die Region im Zuge der Wiedervereinigung wieder mitten im Herzen Deutschlands liegt, hat sich Eberns Attraktivität als Industriestandort deutlich erhöht. So siedelte sich 1996 die Uniwell Wellrohr GmbH im Gewerbegebiet Eyrichshof an, wo das 120 Mitarbeiter starke Unternehmen seitdem fleißig expandiert. 1999 wurde ein zweites FTE-Werk im Gewerbegebiet Heutelberg im Stadtteil Fischbach gebaut. 1962 wurde Ebern unter Bürgermeister Hans Merkl zum Bundeswehrstandort. Die Nähe zur ehemaligen innerdeutschen Grenze zur DDR brachte den Einzug der Soldaten in die neu gebaute Balthasar-Neumann-Kaserne westlich der Kernstadt. Mehr als 40 Jahre währte das gute Einvernehmen von Bundeswehr und Stadt, das neben der Beschäftigung von zivilen Arbeitskräften aus der Bevölkerung auch ein großes Kaufkraftvolumen für die Eberner

Mit dem Bau der innerstädtischen Verteilerspange wurde die Eberner Altstadt vom Verkehr entlastet.

Geschäftswelt darstellte. Der schmerzliche Abzug der Truppe und die Auflösung der Standortverwaltung musste aufgrund einer Entscheidung des Bundesverteidigungsministeriums zum Truppenabbau in den Jahren 2004 und 2005 erfolgen, trotz der Tatsache, dass es sich um eine der modernsten Bundeswehrkasernen Deutschlands handelte. Die Stadt und die

Große Zapfenstreiche gehören der Vergangenheit an.

Bundeswehr waren zusammen gewachsen, die Soldaten in der Bevölkerung akzeptiert und integriert, schwierig gestaltet sich in der heutigen Zeit die Umnutzung des Geländes und der Gebäude. Zur Erinnerung besteht das 2005 eröffnete Garnisonsmuseum in der Alten Schule in Eyrichshof, das von einer Kameradschaft gestaltet und betreut wird. Es hält die vergangenen 40 Jahre Eberner Bundeswehrzeit am Leben und möchte sie allen Interessierten näher bringen.

Ein Standbein hat sich die Stadt seit einigen Jahren bereits auf touristischer Ebene erschlossen. Mit der Anlage eines innerstädtischen, äußerst idyllisch an der Stadtmauer gelegenen, großzügigen Wohnmobilstellplatzes (30 Plätze) haben die Verantwortlichen der Stadt, wenn man sich die Belegungs-

zahlen anschaut, scheinbar voll ins Schwarze getroffen. Die Eberner Geschäftswelt jedenfalls freut es.

Wohnmobilstellplatz in Eberns Mitte.

Gesundheit und Wohlbefinden

Gesundheit und Wohlbefinden
Wohlfühlen in Ebern

Yoga, Pilates und Qi Gong zählen dazu. Aber auch Aerobic, Nordic Walking, Rückengymnastik, Aqua-Fitness und

Geburtsvorbereitung: Das Programm der Gesundheitskurse, die alleine die Volkshochschule in Ebern abdeckt, ist umfangreich. Auch die Auswahl an Gesundheitsberufen und Einrichtungen im Gesundheitswesen ist

Fitness-Angebot der VHS in Ebern: als neue Sportart „Skiken".

bemerkenswert. Neben Allgemeinarztpraxen, Fachärzten, Zahnärzten und dem kreiseigenen Krankenhaus – dem Haus Ebern im Verbund der „Haßberg-Kliniken" – haben sich Krankengymnasten, Heilpraktiker, Ergotherapeuten und Masseure in den letzten Jahrzehnten niedergelassen. Für die neuen Erdenbürger und deren Eltern stehen zwei Hebammenpraxen zur Verfügung. Um die älteren Mitmenschen kümmern sich die Sozialstationen sowie das inmitten der Stadt gelegene Alten- und Pflegeheim „Haus St. Elisabeth". Für den Neubau und den Betrieb des an

das alte Spital anschlieβenden Pflegeheims 1992 konnte mit dem Diakonischen Werk Bamberg-Forchheim ein Träger gefunden werden. Zwei Apotheken bestehen in Eberns Mitte schon seit

Krankenhaus Ebern.

Jahrzehnten. Das Angebot im medizinischen und gesundheitlichen Sektor wird ergänzt durch ein Therapiezentrum, das im alten Gefängnisgebäude untergebracht, heute als Praxis für eine Krankengymnastin, eine Logopädin, einen

Ergotherapeuten und einen Lerntherapeuten dient. Tierärzte kümmern sich um das Wohl von Haus- und Nutztieren in der Region. Für die erste Hilfe am Menschen sind die örtliche Rettungswache des Bayerischen Roten Kreuzes, die Schnelleinsatzgruppe des Roten Kreuzes, die Stadtfeuerwehr und die Freiwilligen Feuerwehren in den Stadtteilen sowie DLRG und Wasserwacht und die Polizeiinspektion Ebern engagiert. Selbsthilfegruppen, wie die Krebsnachsorgegruppe, der Kreuzbund für suchtkranke Menschen oder die Gruppe für pflegende Angehörige sind wichtige Anlaufstellen für Betroffene. In den Wohngemeinschaften des neu gebauten Sozialpsychiatrischen Zentrums an der Eiswiese haben seit Juni 2006 Menschen ihre Heimat, die aufgrund psychischer Probleme nicht alleine leben können.

Aktiv Gesundheit tanken kann in Ebern jeder, der neben dem Wanderwegenetz die Fahrradwege und den im Wald am Losberg gelegenen Trimm-dich-Pfad benutzt. Der

Parkplatz am Losberg ist Treffpunkt für Laufbegeisterte. Joggen, Nordic Walken oder einfach Spazierengehen ist auf den zahlreichen teils geschotterten

Das Eberner Freibad am Losberg.

Waldwegen möglich. An dieser Stelle bietet sich ein Besuch des Freibades an, das einen weiten Blick in das Baunachtal eröffnet.

Die Freibadsaison in Ebern läuft von Mitte Mai bis Mitte September. Angebote für jede Generation können im Freibad genutzt werden. Für die ganz Kleinen steht ein Planschbecken zur Verfügung, für größere Kinder ein Nichtschwimmerbecken mit breiter Rutsche, für Mutige das Sprungturmtrio mit Ein-, Drei- und Fünf-Meter-Türmen. Im Schwimmerbecken mit Wettkampfbahnen kann man kontinuierlich Bahn für

*Bahn einem besseren Wohlbefinden für Körper und Geist entgegen-
schwimmen. Großflächige Liegewiesen, ein Beachvolleyballfeld und die
Freibadgaststätte runden das Angebot ab.*

Im Winter kann man in das in der Stadt gelegene Hallenbad gehen. Wer gerne Thermalbäder besucht, dem sei das
rund 25 Kilometer entfernte Bad Staffelstein empfohlen.
Sportanlagen und Sportplätze gibt es im Stadtgebiet
einige, die vor allem von den Sportvereinen und den
Schulen genutzt werden. Drei Schulturnhallen stehen für
Schulsport und Veranstaltungen zur Verfügung. Auf dem
Tennisplatz in Ebern und in der Tennishalle in Sandhof
können Tennisbegeisterte ihrem Hobby nachgehen. Der
vom Tennisclub betriebene offene Tennisplatz ist von Mai
bis Oktober geöffnet und kann von jedem Interessierten
genutzt werden. Die in der Winterzeit geöffnete Tennishalle kann auf Anmeldung reserviert werden und bietet
zudem zwei Squash-Plätze und eine Sauna. Die Gesundheit und Fitness stärken kann man auch im Sportstudio
in der Sutte, das viele Fitnessangebote, Kurse und eine
Sauna bereithält. Der Skateplatz oberhalb des Gymnasiums ist von der Stadt für bewegungsfreudige Jugendliche
angelegt worden. Seit einigen Jahren findet zur Sonnen-
wende im Juni der „Sonnwendlauf" statt. Ein Großereig-
nis, das Tausende Besucher anzieht und zum Mitmachen

animiert. Die Läufe, die
auf Kinder, Jugendliche,
Hobbyläufer und Profis
zugeschnitten sind, werden
ergänzt durch ein abwechs-
lungsreiches Programm und
eine „Gesundheitsmeile".
Im Winter kann an einigen
Hängen rund um die Stadt
Schlitten gefahren und an
der sogenannten Eiswiese
im Baunachtal Schlittschuh
gelaufen werden.

Eislaufen an der Eiswiese.

Schulen für
Große und Kleine

Schulen für Große und Kleine
vielseitiges Angebot der Schulstadt Ebern

Ebern ist Schulstadt. Kann sich die Kleinstadt doch glücklich schätzen, sämtliche weiterführende Schularten am Ort zu haben und darüber hinaus noch einige andere Bildungs- und Lehranstalten. Zum Beispiel die renommierte Meisterschule Ebern für das Schreinerhandwerk, die deutschlandweit einen hervorragenden Ruf genießt. Bevor ein Eberner allerdings in die Meisterschule eintreten könnte – die meisten Schüler kommen

Die 1984 eingeweihte Meisterschule für das Schreinerhandwerk Ebern.

im Übrigen nicht aus der Region, sondern aus ganz Deutschland – hat er eine lange Schullaufbahn vor sich, die gänzlich in Ebern absolviert werden kann. Für die Grundschulkinder wurde Anfang der fünfziger Jahre eine eigene, große

Grundschule in der Georg-Nadler-Straße erbaut, die im Schuljahr 2007/2008 generalsaniert wurde.

Schulhausgeschichte von Ebern

Von 1598 bis 1881 wurden die Eberner Kinder im Gebäude der heutigen Stadtbücherei an der Stadtpfarrkirche unterrichtet. 1880/81 entstand der zweite Neubau einer Schule, heute Caritas-Kindergarten und katholisches Pfarrzentrum, außerhalb der Stadtmauer, die in diesem Zusammenhang durchbrochen wurde. Gleichzeitig sollte damals der Diebsturm abgerissen werden, da man Steine für den Schulbau benötigte. Der Verschönerungsverein von Ebern kämpfte für die erfolgreiche Erhaltung des Diebsturmes, berichtet Erich Steppert in seinem Aufsatz „Das Schulwesen in Ebern bis 1952". Durch die Erweiterung des Kugelfischerwerkes und der Ansiedlung vieler Heimatvertriebener war die Bevölkerung in Ebern sprunghaft angestiegen. So entstand in den Jahren 1951/52 an der Georg-Nadler-Straße ein neues, drittes Schulhaus – die heutige Grundschule.

Nach dem Besuch der Grundschule gibt es für die angehenden Fünftklässler drei weiterführende Schulen am Ort: die Hauptschule (*eingeweiht 1975*), die Staatliche Realschule (*1958 gegründet als städtische Mittelschule, 1965 umbenannt in Realschule*) und das Gymnasium (*eingeweiht 1972*). Erst 1987 wurde dem Friedrich-Rückert-Gymnasium sein Name verliehen. Seit 2006 hat das Schulensemble in der Gymnasiumstraße mit Hauptschule und Gymnasium einen neuen Blickfang: Die in kräftigen Blau- und Rottönen gestrichene Mensa des Gymnasiums mit moderner Glasfassade dient als Speiseraum und schulischer Veranstaltungssaal. Ein Teil der Berufsschüler besucht die Berufsschule Haßfurt, die mit einer Außenstelle in der Eberner Mozartstraße angesiedelt ist. Für Kinder mit Lernschwierigkeiten existieren Diagnose- und Förderklassen sowie das direkt an die Grundschule 2001 angebaute Sonderpädagogische

Im Jahr 1972 wurden mehr als zehn einklassige Landschulen im Stadtgebiet aufgelöst und in die Grund- sowie Hauptschule Ebern eingegliedert.

Förderzentrum des Don Bosco Salesianer-Ordens. Eine Sonderschule der Lebenshilfe für geistig Behinderte ist in den Räumen der Berufsschule untergebracht. Hier werden geistig behinderte Schüler von geschultem Personal betreut und unterrichtet.

Musikalischer Unterricht am Sonderpädagogischen Förderzentrum.

Die Anfänge der Schule in Ebern dürften in der Zeit der Stadt- und Pfarreigründung liegen, also um das Jahr 1230, vermutet Erich Steppert. 1404 wird im Testament von Pfarrer Helb von der Erstnennung eines Lehrers gesprochen. 1463 wird die Schule erstmals sicher erwähnt. 1493 erließen der Bürgermeister und der Rat eine neue Schulordnung, die damit heute mehr als 500 Jahre alt ist. Sie beinhaltete strenge Vorschriften, die der Schulmeister zu erfüllen hatte und die seine Anstellung betrafen. Als Entgelt schien er von jedem Knaben alle Vierteljahr „sechs alt Pfennig" und an „Kerba" noch einen Pfennig zusätzlich bekommen zu haben, zitiert Kreisheimatpfleger Günter Lipp in seinem Aufsatz „Die erste Schulordnung – ein halbes Jahrtausend alt" das alte Dokument.

Vor allem an Erwachsene, aber auch an Kinder und Jugendliche, richtet sich das saisonal wechselnde Programm der Volkshochschule Ebern, die seit 1950, damals noch als Einrichtung des Landkreises Ebern, besteht und seitdem Tausenden von Teilnehmern in unterschiedlichster Hinsicht einen Platz für Weiterbildung, fachliche Information, Spaß am Hobby und Förderung der Gesundheit geboten hat. Eine Zusammenarbeit mit vielen örtlichen Einrichtungen, fachlich versierten Referenten und kompetenten Kursleitern sichert das erfolgreiche Konzept. Allen Musikinteressierten steht zudem die Musikschule Ebern offen. Im Vergleich zu früheren Zeiten kann sich Ebern glücklich schätzen, ein derartiges Angebot vor Ort zu haben, das die Stadt im Laufe der Zeit erhalten oder sich aktiv erworben hat. Dazu ein paar Jahrhunderte zurück in die Vergangenheit: Was schrieb noch einmal der Jesserndorfer Pfarrer Korb 1774 zu den Verhältnissen, die er einst in der Schule in Jesserndorf angetroffen hatte?

*„**Ein gar** alt elendiges Hüttlein stund nächst der Kirch, ein zerfallenes Häuslein – kaum halb so groß, wie die neue Schul, allwo kein ganze Wand - Fenster - Tür zu finden. Wahrhaft man konnte kaum einen Hund sicher darin verbergen und 10 Katzen mochten keine Maus darin fangen."* (F. W. Korb, 1774)

Beachvolleyballfeld an der Realschule Ebern.

Diese Zeiten sind zum Glück lange vorbei, doch wissen die Verantwortlichen darum, wie nötig es ist, die Schulgebäude und -grundstücke beständig in Ordnung zu halten und fortwährend zu deren Erhalt beizutragen. Viele bauliche und gestalterische Maßnahmen haben in den letzten Jahren Akzente auf Pausenhöfen und in Klassenzimmern gesetzt.

Fränkische
Feierlaune und
Vereinsleben

Fränkische Gastlichkeit und Feierlaune
aktives Vereinsleben in Stadt und Stadtteilen

Fränkische Gastlichkeit und Feierlaune ist in Ebern anzutreffen. Unter vielen Gastwirtschaften, von gut bürgerlicher fränkischer

Küche bis zu italienischem, mexikanischem oder griechischem Angebot kann ausgewählt werden. Biergärten, Pubs, Cafés und eine im Sommer gut besuchte Eisdiele in Marktplatznähe erweitern die Möglichkeiten zur Einkehr. Unterkünfte für Gäste stehen in Gasthöfen, Pensionen und Ferienwohnungen zur Verfügung.

Beim Bieranstich: Georg Kaiser, Stadtrat Manfred Fausten, Bürgermeister Robert Herrmann, Stadträtin Irene Jungnickl.

Ein alljährliches Angebot an Märkten wird von vielen Ebernern und Besuchern aus der Region genutzt. Im März ist der Lätaremarkt, dem das Frühlingsfest folgt. Im September folgt der Kirchweihmarkt mit Kirchweihfest am Wohnmobilstellplatz, einen Monat später der Oktobermarkt mit Apfelfest im Rathaushof und im Winter der stets gut besuchte Weihnachtsmarkt. Jeden dritten Freitag im Monat findet der Bauernmarkt am Marktplatz statt. Die Direktvermarkter der Region haben hier eine Plattform für den Verkauf ihrer Produkte, vor allem Obst, Gemüse, Blumen, Honig, Käse, Liköre und zur Saison Spargel.

Die Mitglieder des Kulturringvorstandes bei den Faschingsvorbereitungen.

In der Winterzeit zieht es die Menschen kaum aus ihren Häusern, doch im Fasching geht es auch in Ebern rund. Die „Bunten Abende" des Kulturrings in der Aula des Gymnasiums ziehen zweimal am Faschingswochenende Narren und Närrinnen an. Wie andernorts auch, wird hier die große und kleine Politik ironisch betrachtet, Gardetänze und Sketche dargeboten. Zahlreiche andere Faschingsveranstaltungen der Vereine und Einrichtungen werden angeboten. Der große Faschingsumzug mit vielen Wagen zieht in Ebern am Faschingssonntag kleine und große Besucher an. Am Rosenmontagsball wird noch einmal ausgelassen gefeiert, bis am Aschermittwoch wieder Ruhe einkehrt und die Fastenzeit beginnt. Zur Osterzeit sind schön geschmückte Osterbrunnen zu betrachten,

die Natur erwacht und zeigt ihr erstes frisches Grün. Im Mai stellen die Vereine Maibäume auf. Zur Sonnwende im Juni locken lodernde Sonnwendfeuer an warmen Abenden zum Beisammensein. Größte Attraktion im Jahreskreis ist das Eberner Altstadtfest, das seit der 750-Jahrfeier der Stadt 1980 jährlich

Drei Tage lang wird jährlich Ende Juli das Altstadtfest gefeiert.

gefeiert wird. Aus der gesamten Region kommen Tausende Menschen zum Feiern in die historische Altstadt. Kulinarische Leckereien, der Hobbykünstlermarkt, ein Kinderprogramm, die Miniplaybackshow, verschiedene Bands sowie kulturelle Veranstaltungen wie Kabaretts im Rathaushof steigern die Attraktivität. Zur Adventszeit locken der Weihnachtsmarkt, die Weihnachtskrippe und die Krippenausstellung.

Auch das Vereinsangebot ist immens. Fest steht, dass die Eberner seit der Zeit der Vereinsgründungen gegen Ende des 19. Jahrhunderts viele Vereine aus der Taufe gehoben haben. Zu den ältesten Zusammenschlüssen zählen die Freiwilligen Feuerwehren mit ihren Feuerwehrvereinen. Der Pflege des eigenen Gartens und der Verschönerung des Ortes haben sich die Obst- und Gartenbauvereine verschrieben. Die Bürgervereine, Haßbergvereine und Dorfgemeinschaften in der Stadt und in den Stadtteilen verfolgen mit ihrer Sorge um die Kultur, die Traditionen und das öffentliche Leben ein ähnliches Ziel. Blaskapellen, Gesangvereine und Posaunenchöre garantieren musikalische Unterhaltung bei vielen Gelegenheiten. Die Sportvereine bieten Sportbegeisterten eine Heimat, wobei in den Stadtteilen vor allem die Fußballvereine hervorstechen.

Tag der Vereine auf dem Eberner Marktplatz.

Der größte Verein in Ebern ist der Turnverein Ebern 1863 e. V., der – vor mehr als 140 Jahren gegründet – heute 1.400 Mitglieder zählt. Fußball, Volleyball, Handball, Schwimmen, Faustball, Tischtennis, Kegeln, Aerobic sowie Kinderturnen zählen zum Angebot. Sportliche Betätigung wird weiterhin in den Motorsport- und Automobilclubs, im Flugsportclub, Tennisclub und dem ältesten Eberner Verein, der 1430 gegründeten Schützengesellschaft, betrieben. Imker, Jagdhornbläser, Kleintierzüchter, Angler und ambitionierte Hobby- und Profifotografen finden ebenfalls Betätigungsfelder in ihren Vereinen. Die Kriegervereine halten das Gedenken an die Gefallenen der Weltkriege aufrecht, der VdK engagiert sich als Sozialverband. Nicht zuletzt besteht in Ebern der Kulturring als Dachverband der über 100 Vereine sowie die

Tourismus- und Werbegemeinschaft als Zusammenschluss der Geschäftsinhaber und Gastronomen, die beide mit ihren Aktionen den Veranstaltungskalender der Stadt bereichern.

Bei der Aktion „Eberner Kunstmeile" werden Kunstwerke in den Schaufenstern ausgestellt.

Eberns Stadtteile

Schmucke Dörfer, alte Mühlen, viel Natur
Eberns Stadtteile sind sehenswert

Ebern ist eine liebenswerte und facettenreiche fränkische Kleinstadt. Nicht minder reizvoll ist ein Blick auf die zur Stadt zählenden kleinen und größeren Ortschaften: 35 Gemeindeteile, das sind Dörfer, Mühlen, Weiler, Höfe und Siedlungen, auf rund 95 Quadratkilometern gehören zum heutigen Ebern. Ein Gemeindegebiet dieser Größe – das war nicht immer so. Erst durch die Gebietsreform kamen die bis dahin kommunal selbständigen Dörfer in den Jahren 1971 bis 1978 nach und nach an die Stadt. Einstmals gab es 17 eigenständige Gemeinden auf dem heutigen Stadtgebiet. Sie alle wurden bis dahin von einem eigenen Bürgermeister und einem Gemeinderat geleitet. Ebenfalls bis in diese Zeit hatten viele von ihnen eine eigene Schule im Ort. Sakrale Bauten in nahezu allen Stadtteilen zeugen von der Verwurzelung im christlichen

Historische Gewachsenheit: Schloss Eyrichshof.

Glauben. Schlösser und Burgruinen machen auf die Bedeutung des fränkischen Landadels in unserer Gegend aufmerksam. Gerade in einer Zeit zunehmender Zentralisierung und Landflucht soll nicht vergessen werden, dass jede dieser Ortschaften eine jahrhundertelange eigene Geschichte erlebt hat, in der die Bewohner gemeinsam dem Wandel der Zeit unterlegen waren. So hat heute jeder Stadtteil seinen eigenen Charme und seine Besonderheit. Dies alles inmitten der bezaubernden Landschaft der unterfränkischen Haßberge, im Herzen Deutschlands.

Regionale Geschichte im Wandel der Zeiten

Gemeinsam ist allen Stadtteilen die regionale Geschichte, die das Eberner Land seit Beginn seiner Entstehung erlebt hat. Gemeinsam sind ihnen viele Begebenheiten und Einflüsse, denen sie im Laufe der Geschichte ausgesetzt waren. Heute ist unsere Gegend geprägt von tiefgrünen Wäldern, sanftwelligen Hügeln, dicht bewachsenen Feldern und frischen Bächen, die von Erlen gesäumt die Talgründe durchschlängeln. Wie müssen wir uns das Aussehen unserer Gegend vor Millionen von Jahren vorstellen? Vor

Grüne Hügellandschaft zwischen Gemünd und Jesserndorf.

4,5 Milliarden Jahren soll unsere Erde entstanden sein. Für die Entstehung der Haßberge ist ein vergleichsweise junger erdgeschichtlicher Zeitabschnitt maßgeblich: die so genannte Trias, die vor 251 Millionen Jahren begann und vor 206 Millionen Jahren endete. Während der Trias, die sich in die geologischen Schichten Buntsandstein, Muschelkalk und Keuper unterteilt, entstanden mehr als 90 Prozent der Haßberge. Durch Erosionen bildete sich schließlich das heutige Schichtstufenland, in dem die größeren Flüsse wie die Baunach und die Weisach breite Täler ausformten und wenige ehemalige Vulkanschlote, wie der Bramberg, höhenmäßig fast unmerklich über die anderen Hügel hinausragen. Der Trias-Zeit, die das Erdmittelalter einläutete, folgten Jura, Kreide und Tertiär.

Der Mensch

Im anschließenden Quartär, vor etwa zwei Millionen Jahren, erschien die Gattung Mensch auf der Erde; zunächst in Afrika, später in Europa. In den Haßbergen selbst dürfte sich der moderne Europäer vor mehr als 10.000 Jahren niedergelassen haben. Für die Mittel- und Jungsteinzeit

(10000 bis 1800 v. Chr.) sind diverse Funde, vor allem bei Dürrenried *(Markt Maroldsweisach)*, aber auch bei Fischbach und Bischwind am Raueneck zu verzeichnen. Spuren der Kelten, die in der Eisenzeit *(1200 bis 15 v. Chr.)* unsere Gegend besiedelten, finden sich im weiteren Umland: Auf den beiden Knetzbergen am Fuße des Steigerwaldes standen einst keltische Höhensiedlungen. Und vom Plateau

des Staffelberges bei Bad Staffelstein ist bekannt, dass hier die einstige keltische Stadt Menosgada gestanden haben soll. Auf dem 200 Kilometer langen „Kelten-Erlebnis-Weg" sind die Spuren der Kelten von Südthüringen durch die Haßberge

Eine große, kunstvoll durchbohrte Steinaxt der Jungsteinzeit wurde bei Salmsdorf (Markt Rentweinsdorf) aufgefunden. Die Steinaxt (rechts) und andere Funde können im Eberner Heimatmuseum besichtigt werden.

und den Steigerwald erwanderbar *(Weg-Markierung: Keltische Gewandfibel)*. Den Kelten folgten die Germanen. Hier sind die Hermunduren und die Markomannen zu nennen, die die Gegend neu besiedelten. Der um das 2. Jahrhundert n. Chr. erbaute Limes, der bekannte römische Grenzwall zum Schutz gegen die weitere Ausbreitung der Germanen, kam am nächsten bei Miltenberg und Gunzenhausen an

Geheimnisvolle Novemberstimmung bei Unterpreppach.

unsere Region heran. Schließlich entstand unter dem Merowingerkönig Chlodwig um 500 das Reich der Franken und bald regierte das Mittelalter in Europa. In der Zeit der Völkerwanderungen gelangten slawische Bewohner in unsere Gegend. Die Christianisierung brachte Klostergründungen und Kirchenbauten.

Dörfer und Siedlungen entstehen

Die Entstehung der Dörfer und Siedlungen im Eberner
Land wird auf die Zeit um das 8. Jahrhundert datiert.
Gesicherte Beweise für die Existenz eines Ortes dagegen
liegen in vielen Fällen erst ab der Jahrtausendwende vor.

Vor allem zu nennen ist
eine Begebenheit, der
zahlreiche erstmalige
Nennungen der Ort-
schaften in der gesamten
Umgebung zu verdanken
sind: Im Jahr 1232 wird
die bis dahin für über

Fränkisches Zuhause in Gemünd.

70 Orte zuständige Urpfarrei Pfarrweisach geteilt, und die
Pfarrei Ebern entsteht. In dieser Teilungsurkunde, von der
übrigens nur die Abschrift einer Abschrift existiert, sind
die Ortschaften vermerkt, die entweder bei Pfarrweisach
geblieben oder zu Ebern gekommen sind – für viele die
erstmalige urkundliche Erwähnung.

*Später trennten sich von der Pfarrei Ebern wiederum weitere Pfarreien
ab und wurden selbstständig, wie z. B. Jesserndorf (1446) und Unterpreppach (1793).*

Von der Reformation, von Kriegen und von adeligen Herrn

In den darauf folgenden Jahrhunderten lebten die Menschen im Fleckerlteppich fränkischer Herrschaften. Die
Territorien der miteinander konkurrierenden Hochstifte
Bamberg und Würzburg stießen im Eberner Umland
aufeinander. Zahlreiche Rittergeschlechter blühten im
einen wie auch im anderen Gebiet auf. In den Dörfern
lebten Untertanen verschiedener adeliger oder kirchlicher
Herren, was sich teilweise heute noch in den einzelnen
Ortschaften widerspiegelt. Aus alten Schriftstücken ist her-
auszulesen, wohin die Leute „pfarrten", sprich „zur Kirche
gingen". Von den im Umkreis liegenden Städten Coburg
und Königsberg strahlte um das Jahr 1520 die Reformation ins Eberner Land aus, beeinflusst von den Besuchen

Dächermeer von Fischbach.

Martin Luthers und durchgesetzt durch die Adeligen, allen voran die von Rotenhan. Im Bauernkrieg um das Jahr 1525, der sich gegen Frondienst und Abgaben an die Lehnsherren und die Geistlichkeit richtete, litt die ganze Bevölkerung. Kurz darauf, 1553, erschütterte der Zweite Markgrafenkrieg Teile der Region. Mit dem wirtschaftlichen Aufstieg in der zweiten Hälfte des 16. Jahrhunderts setzte, getragen vom Lebensgefühl der Renaissance, eine rege Bautätigkeit ein, so an den Schlössern in Eyrichshof und Rentweinsdorf.

Der Dreißigjährige Krieg im 17. Jahrhundert brachte viel Unheil in die Eberner Gegend. In den Jahren 1631 bis 1634 erreichten die von der Pest begleiteten Verheerungen des Krieges in Franken ihren Höhepunkt. Auf den Trümmern des Dreißigjährigen Krieges, der den Eyrichshofer Adam Hermann von Rotenhan zum Reichsstatthalter in Franken aufsteigen ließ, entfaltete sich das Barock, das in

„Nichts bleibt und nichts vergeht"
(Erich Kästner) – Sinnbildliches am
Friedhof Eyrichshof.

der langen Friedensperiode bis 1802 als gesamteuropäischer Lebensstil bis in das kleinste ritterschaftliche Dorf drang *(Isolde Maierhöfer im Historischen Atlas Bayern, Teil Ebern 1964).*

Die Zustände in den Dörfern des 18. Jahrhunderts schienen dagegen aus heutiger Sicht armselig gewesen zu sein. In eindrücklicher Form schildert Pfarrer Franz Wilhelm Korb in seiner umfassenden Darstellung von seinem ersten Eindruck der Kirche, des Pfarrhauses und der Schule zu Jesserndorf.

*„**Dies Pfarrhaus** traf nun so elend armselig an, daß ich mit Schröcken den ersten Eintritt wagte. Kaum erreichte die gewöhnl. Pfarrstuben, wo ich denn Finsternis und Gestank wahrnehme – weit mehr als in einer moderaten Wachstuben. Ich eilte zu denen Fenstern, um Licht und frische Luft einzulassen: rief mir schon H. Kaplan Spenglert,*

Frickendorfer Brücke – St. Michael (von 1774). Seine Kleidung ist von der Rüstung römischer Soldaten inspiriert, sein Schild fragt „Wer ist wie Gott?".

dermalen H. Kaplan dahier, ich sollte ablassen; denn die Fenster wären schon mit Scherben und Spän geflickt, wenn ich Fenster aufmachen wollte, würden die auseinanderfallen."(F. W. Korb, Lehnbuch und Pfarrbeschreibung, 1775, S. 25)

Franken an Bayern

Ende des 18. Jahrhunderts zogen französische Revolutionstruppen plündernd durch das Gebiet. 1803 setzte auch für die Hochstifte Bamberg und Würzburg die Säkularisation ein. Das Ende der Macht der Reichsritterschaft war besiegelt und der Weg zum heutigen Freistaat geebnet,

Grenzschild der Bezirksamtsgrenze Staffelstein-Ebern, im Heimatmuseum ausgestellt.

wenngleich die komplizierte Umstrukturierung der rückständigen Verwaltung noch ausstand. Die beginnende Gemeindebildung gestaltete sich als schwieriger Prozess. 1806 kam das Fürstentum Würzburg, und damit auch Ebern, für zwölf Jahre zum Großherzogtum Würzburg unter Großherzog Ferdinand von Toskana. Eine Begebenheit, die auch heute

129

noch gerne erwähnt wird, vielleicht auch deswegen, weil das Haßbergland gelegentlich ob seiner landschaftlichen Aspekte als die „fränkische Toskana" bezeichnet wird.

Im 20. Jahrhundert

In den beiden Weltkriegen des 20. Jahrhunderts mussten auch die Menschen in den Ortschaften viele Verluste beklagen. Das Dorf Bramberg wurde 1945 durch Bombenabwurf in Brand gesetzt, von den Bürgern aber bis 1950 wieder aufgebaut. Auch bei Unterpreppach fielen Bomben, im Baunachtal wurden Brücken gesprengt. Krie-

Zur Erinnerung an die Flurbereinigung von Unterpreppach und Ruppach (1969 bis 1979).

gerdenkmale erinnern heute an die Toten und Vermissten. In der Nachkriegszeit wurden in den bis dahin gemeindlich noch selbständigen Ortschaften viele beachtliche Leistungen vollbracht, die aus dem heutigen Leben allerorts nicht mehr wegzudenken sind: Wasserversorgung, Ortskanalisation, Straßen-, Wege- und Brückenbau, Ortsbeleuchtung, Flurbereinigung, Anlage von Sportplätzen, Renovierung, Ausbau und Neubau von Räumlichkeiten und Gebäuden wie Feuerwehrgerätehallen, Schulen, Gemeindehäusern, Kirchen und Friedhöfen. Zahlreiche Dorfverschönerungsmaßnahmen wurden Schritt für Schritt angegangen und gemeistert. Der ehemalige Landkreis Ebern umfasste in den sechziger Jahren des 20. Jahrhunderts 69 Gemeinden mit 147 Gemeindeteilen, in denen rund 26.000 Einwohner lebten. Er bestand bis zur Gebietsreform im Jahr 1972. Ebenso mussten auch die vielen kleinen eigenständigen Ortschaften in der Gemeindegebietsreform ihre kommunale Selbständigkeit an Städte, Märkte und größere Gemeinden abtreten. Der heutige Landkreis Haßberge, der eine Fläche von 957 Quadratkilometern umfasst, entsprang dieser Gebietsreform und ist ein neues Verwaltungsgebilde, das sich zusammensetzt aus dem ehemaligen Landkreis Haßfurt, dem größten Teil der ehemaligen Landkreise Ebern und Hofheim sowie aus kleinen Teilen des Landkreises Bamberg und des ehemaligen Landkreises Gerolzhofen. 26 Gemeinden gehören dem Landkreis Haßberge an. Sitz der Kreisverwaltung ist das von Ebern 25 Kilometer entfernte Haßfurt.

Landkreisgrenze bei Gleusdorf (Gemeinde Untermerzbach) im Itzgrund.

„Haßberge – Woher das Land seinen Namen hat? Keiner weiß es genau. Vielleicht von den Chatten (den heute benachbarten Hessen), einer Fischart (Hasel/„Hasela"), dem Bach Nassach („Nasaha"), dem althochdeutschen Begriff für „Land der grauen Erde" oder dem angeblich so flachen Mainübergang bei Haßfurt (der „Hasenfurt")" (Aus: „Die Hassberge" G. Hartwich, I. Hartwich, H. Hey 1996) .

Landkreis Haßberge – und damit sind wir fast in der heutigen Zeit angelangt – das bedeutet auch einstiges Zonenrandgebiet zur ehemaligen Deutschen Demokratischen Republik. Die rund zehn Kilometer lange Zonengrenze zu Thüringen befindet sich von Ebern etwa 20 Kilometer nördlich gelegen, bei Dürrenried, Eckartshausen, Allertshausen und Ermershausen, oder auf thüringischer Seite bei den Orten Käßlitz, Poppenhausen, Hellingen und Schweikershausen. Eine 40 Jahre währende, schmerzhafte Erfahrung für die grenznahen Orte, ein zwei Generationen dauernder Schnitt durch Verwandtschafts-

und Bekanntschaftsbeziehungen der hier lebenden Bevölkerung, der auch in Büchern niedergeschrieben und dokumentiert ist. Heute, rund zwei Jahrzehnte nach dem Fall des Eisernen Vorhangs im November 1989, steht der einstmalige Zonenstreifen als Grenzdenkmal unter dem Schutz des Freistaates Thüringen. Auch die über Jahrzehnte entstandene weitgehend unberührte Naturlandschaft, das so genannte „Grüne Band", soll bewahrt werden. Schöne Natur ist natürlich nicht nur am ehemaligen Grenzstreifen, sondern auch in den Haßbergen selbst zu erleben. Zu nennen ist an dieser Stelle vor allem der Naturpark Haßberge.

In voller Blüte, bei Gemünd.

Wie gut *tut dem Menschen die Natur, wie kraftgebend kann ein Spaziergang oder eine Wanderung durch angenehm kühle Wälder und über in sattem Grün gedeihende Wiesen sein, nur vom Zwitschern der Vögel begleitet. Dieses Naturerlebnis ist in den Haßbergen noch möglich. Abgeschieden von der Hektik und dem Lärm der Großstädte hat man sich hier ein Kleinod an Behaglichkeit und seltener Schönheit bewahrt. Klare Folgerung, dass ein Großteil des Landkreises Haßberge als Naturpark ausgewiesen ist. Dies sollen der Definition nach weiträumige, naturnahe und lärmfreie Erholungsgebiete sein. Für die Besucher stehen Wanderparkplätze, Orientierungstafeln und viele markierte Wandertafeln zur Verfügung. Die vielfältigen Möglichkeiten sind um Grillplätze, Spielplätze und Jugendzeltplätze erweitert. Eine Besonderheit sind etwa die relativ vielen natürlichen Standorte, an denen seltene Orchideenarten vorkommen. Der Betrachter wird um Schutz der Pflanzen gebeten. In einigen Bereichen kann man noch das frühere „Obstland" erahnen, wenn, wie in Altenstein zur Kirschblüte, die Hänge vor weißen Blüten wie verzaubert wirken. Pilzsammler kommen dank des großen Mischpilzangebotes auf ihre Kosten. Geführte Pilz- und auch andere Wanderungen gibt es im ganzen Landkreis.*

Informationen sind bei der Tourist-Information Haßberge in Hofheim erhältlich, Tel. 09523/92290, sowie beim Umweltbildungszentrum Oberschleichach, Tel. 09529/92220.

Die Stadtteile heute

Sanft eingebettet in grüne Täler, angeschmiegt an waldreiche Hänge, auf Höhenzügen und in tiefen Gründen liegen heute die Ortschaften wie kostbare Perlen im Eberner Land. Ihre gemeindliche Eigenständigkeit haben sie an die Stadt abtreten müssen, aktives Dorfleben hingegen findet weiterhin statt. In der heutigen Zeit wird das gemeinschaftliche Leben in den Stadtteilen vor allem von den zahlreichen Vereinen gestaltet und geprägt. Egal ob Maibaumaufstellen, Kirchweihfest oder Sonnwendfeuer, es sind zumeist die örtlichen Obst- und Gartenbauvereine, Feuerwehrvereine, Sportvereine, Haßbergvereine oder andere Vereine, die diese Feierlichkeiten durchführen und so ein Stück Dorfkultur aufrecht erhalten. Die Kirchengemeinden haben zumeist einen weiteren großen Anteil am örtlichen Leben. Aber auch privat kümmern sich viele Bürgerinnen und Bürger um das Ortsbild, ob alleine oder in Gemeinschaftsarbeit. Das Ergebnis der zahlreichen Dorferneuerungen in den letzten Jahrzehnten hat vor allem die Ortsmittelpunkte zu sehenswerten Plätzen gemacht, die mit freundlichem Blumenschmuck, hölzernen Ruhebänken und oftmals mit einem in Sandstein gehauenen Brunnen einladend gestaltet sind. Bei den Wettbewerben „Unser Dorf soll schöner werden" konnten schon einige Preise gewonnen werden. Zahlreiche Kinderspielplätze ergänzen das Angebot für kleine Bürger und Gäste. Außerhalb der Ortschaften laden Rastplätze den Wanderer zur Pause ein und zum Blick auf die schöne Gegend.

Werbung für das Hausbrauerfest in Brünn.

Musikalisches bei der Einweihung
des Bramberger Dorfbrunnens.

Wegkreuz bei Bischwind
in der Abendsonne.

Dorfmitte von Fierst.

In Kurzewind.

Zeichen örtlichen und gemein-
schaftlichen Lebens.

Kinderfreude am Spielplatz
in Frickendorf.

Weiler bei Weißenbrunn.

Blick auf Bramberg von Norden.

Tour durch die Stadtteile

Lassen Sie sich auf eine Reise durch unsere Stadtteile mitnehmen. Die Orte sollen, einer Rundtour gleich, nach ihrer Lage, einer nach dem anderen erkundet werden. So lernt der Leser nicht nur Jahreszahlen, sondern gleichsam die Umgebung kennen. Einen kurzen Halt werden wir bei

den Ortschaften immer wieder machen, um besondere Gegebenheiten der Landschaft, der Kultur, der Geschichte und der Menschen zu betrachten, sowie um zu den Örtlichkeiten ausgewählte Sagen zu erfahren und um einige Variationen des weitverzweigten Wanderwegenetzes kennen zu lernen. Wer die Gegend näher erkunden will, dem empfiehlt sich, parallel zu diesem Buch, der Kauf

Verträumter Feldweg oberhalb von Weißenbrunn.

einer Wanderkarte, die die Vielfältigkeit örtlicher Wanderwege mit den üblichen Routenmarkierungen aufzeigt und auf weitere Begebenheiten wie Aussichtspunkte, Einkehrmöglichkeiten und Wanderparkplätze hinweist *(Wanderkarte „Naturpark Haßberge" 1:50.000, erhältlich im Buchhandel und bei der Tourist-Information).*

Nähere Informationen und themenbezogene Broschüren sind bei der Tourist-Information Haßberge in Hofheim sowie bei der Tourist-Information Ebern erhältlich.

Wegweiser in Brünn.

135

Beginn der Rundtour ist im stadtnahen Heubach, das südlich von Ebern an der Bundesstraße 279 gelegen ist. Von dort kommen wir nach Eichelberg, Reutersbrunn und Unterpreppach. Ein kurzer Weg führt uns nach Ruppach, von wo wir uns nach Vorbach, Gemünd, Welkendorf und Weißenbrunn aufmachen. Nächste Station ist ein Ort mit besonders viel fränkischem Flair: Jesserndorf. Von dort geht es weiter nach Bramberg. Über den „Bramberg" mit der namensgleichen Ruine geht es nach Bisch- wind am Raueneck. Von dort aus nach Albersdorf, worauf Neuses am Raueneck folgt. Es kommen Brünn, Frickendorf und Höchstädten. Wir überqueren die B 279 nach Fischbach, Siegelfeld und Eyrichshof. Es geht steil bergauf, auf den östlichsten Haßbergkamm und ein weiter Blick lädt uns ein, im Stadtteil Kurzewind, auf das Itztal und bei gutem Wetter auf Vierzehnheiligen und Kloster Banz zu schauen. Wir machen uns auf den Weg nach Fierst, das vor dem östlichen Stadteingang von Ebern liegt. Von dort aus geht es zurück in die Kernstadt.

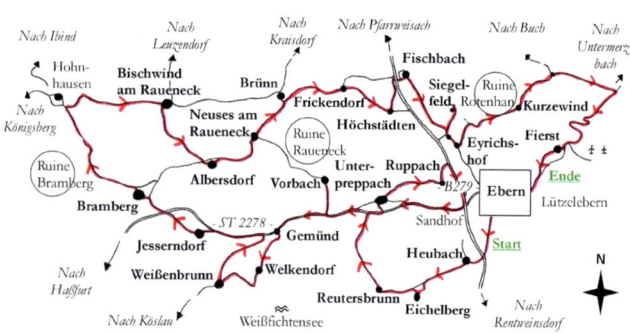

Karte der Rundtour durch die Stadtteile mit Start in Ebern.

Über den südlichen Stadtausgang von Ebern erreichen wir nach rund einem Kilometer die so genannte „Heubacher Kreuzung" an der Bundesstraße 279. Ein Blick in östliche Richtung zeigt am gegenüberliegenden Ufer der Baunach die Hetschingsmühle.

Die Hetschingsmühle ist 1470 urkundlich als Hetzingßmule erwähnt. Denkbar ist eine Benennung nach einem Besitzer namens Hetsching. Ein schönes Wappen ziert den Hauseingang.

Die Hetschingsmühle.

136

Nach Überqueren der B 279 liegt der Stadtteil Heubach vor uns. Eine Pferdekoppel säumt rechterhand den Weg zum Ortseingang.

Heubach, Mischung modernen und bäuerlichen Lebens

Der 310 Einwohner große Ort Heubach gilt als einer der fortschrittlichsten im Eberner Stadtgebiet. Die Orts- und Vereinsaktivitäten sind groß. Als Früchte ihrer Gemeinschaftsarbeit und mit Unterstützung von außen können die Bewohner heute unter anderem auf einen neuen Ortsbrunnen, ein Feuerwehrhaus, einen Kinderspielplatz und die Sanierung des so genannten „Haus der Bäuerin" mit Anbau von Versammlungsräumlichkeiten zurückblicken. Letzteres ist eine Besonderheit in der ganzen Umgebung.

Im gut ausgestatteten und inmitten der Ortschaft gelegenen „Haus der Bäuerin" *(erbaut 1954)* kommen die Heubacher, aber auch Bürger und Vereine der umliegenden Ortschaften,

Haus der Bäuerin und der 2006 eingeweihte Dorfbrunnen.

zusammen, um Kuchen und Brot zu backen, Most zu pressen, zu schlachten und Wäsche zu mangeln. Zum traditionellen Leben Heubachs passt auch die Integration der Landwirtschaft in den Ort. Das seit 1967 bestehende Raiffeisenlager wurde in jüngster Zeit um eine moderne Siloanlage erweitert. Traktoren, Mähdrescher und Getreidelaster gehören zum Ortsbild wie selbstverständlich dazu. Bereits im 16. Jahrhundert galt Heubach als eine der größten bäuerlichen Siedlungen der Umgebung, aber auch als „Ganerbendorf", d. h. als ein Ort unter vielerlei Herrschaft. 1647 wurde eine Dorfordnung erlassen, die das Leben der wenigen nach dem Dreißigjährigen Krieg verbliebenen Untertanen regeln sollte. An historischen Bauten oder gar Schlössern hat der Ort nichts zu bieten, waren doch keine

Sandsteinstatue des Heiligen Nepomuk, gestiftet 1995 von einer Heubacher Familie; im Hintergrund das Feuerwehrhaus.

seiner Grundherren selbst in Heubach ansässig.

So zeichnet sich das Ortsbild durch mit Blumen geschmückte Hofanwesen und den weiträumig gestalteten Ortskern mit Bachdurchlauf aus. Ein schönes Anwesen ist das 1925 erbaute Schulhaus, das heute in Privatbesitz ist. Am Ortsausgang Richtung Sandhof kann man von weitem Damwild erspähen.

Der Ortsname Heubach lässt die Forscher rätseln: Möglicherweise kommt er vom Althochdeutschen hei (trocken, seicht) oder vom Mundartlichen hîwo, hiun (Ehegatte, Knecht; Gatten, Gesinde), denkbar wäre auch mittelhochdeutsch heie (Hegung, gehegter Wald). Fest steht die Nennung des Ortes in der Urkunde der Pfarreienteilung von 1232 als Hipach und von Hopach, Hypach, Haybach, Heupach, Heipach, Haipach bis zu Heubach (ab 1852) sind schon alle möglichen Schreibweisen in der Geschichte aufgetaucht.

Dorfordnungen regelten einstmals das Leben

In Heubach hat sich, wie berichtet, eine Dorfordnung erhalten. Zwar ist die Heubacher Dorfordnung *(3. Mai 1709)* jünger, als die aus Bischwind am Raueneck *(1540)* oder die Reutersbrunner Dorfordnung *(1575)*. Sie ist allerdings umfangreicher und ergibt daher ein deutlicheres Bild von dem, was als „Grundgesetz" der öffentlichen Ordnung in der feudalen Vergangenheit einer Reglementierung bedurfte: Es geht vorwiegend um die Pflege der Äcker und Wiesen, um Regeln des Viehhütens, um die Behandlung der Obstbäume, die Reinhaltung des Ortsbrunnens, die Nutzung der Gemeindewaldung, den Schutz der Marksteine, aber auch um die Fernhaltung von Gesindel. Zuständig für die Durchsetzung der Dorfordnung waren die Dorfmeister.

Welche Bedeutung beispielsweise den Mark-
steinen im Sinne der Besitzstandswahrung
zukam, geht in unmissverständlicher Weise
aus Punkt 26 der Heubacher Dorfordnung
hervor: „Dafern sich zutrüge, daß einer un-
versehens im Pflügen einen Markstein verlet-
ze oder umführe, der soll es allsobald denen
Märkern anzeigen, bei 1 Pfund Straf. Wer
aber freventlich und geflissener weis einen
Markstein umackert, ausreißt oder beschädigt, soll nach befinden mit 3,4 bis 5 fl. Straf
angesehen werden." (Aus: Heribert Keh,
Vortrag zum 750. Stadtjubiläum, 1980)

Am Westausgang Heubachs führt die Straße auf eine An-höhe. Nach rund einem Kilometer erreichen wir das an einem Südhang gelegene Eichel-berg. Eichelberg ist auch über einen Rundwanderweg von Heubach aus,

am Eichelbach entlang, zu erlaufen. *(Start: Eichelberger Weg
in Heubach, Markierung: Schmetterling).* So gelangt man quasi
über den „Hintereingang" in das Dorf hinein. Meterhoch
türmt sich hier am Straßenrand das aufeinander gestapelte
Holz des örtlichen Sägewerkes.

Eichelberg, ein Dorf am Eichelbach

In der Eichelberger Ortsmitte besteht die Möglichkeit zur
Rast am Spiel- und Bolzplatz neben dem Feuerlöschwei-
her. Das 176 Einwohner große Dorf war einst ebenfalls
ein Ort unter mehreren adeligen Familien, darunter seit

dem 14. Jahrhundert die Adelsfamilie von Rotenhan, die heute noch Besitz in Eichelberg hat. Bereits 1533 fand die Reformation durch die von Ro-tenhan in Eichelberg

Gemeindehaus von Eichelberg.

Eingang. Auch bei der Eingliederung in die Stadt Ebern,
am 1. April 1971, waren die Eichelberger schnell und
ganz freiwillig dabei. Als erster Ort erhielten sie dafür als
„Hochzeitsgeschenk" den Ausbau der Dorfstraße über den
Eichelbach bis zum Sägewerk.

Ob Jung oder Alt – dass in jedem Eichelberger gewissermaßen ein Kind steckt, zeigt sich alljährlich im Sommer beim Bobbycar-Rennen

Bobbycar-Rennen am Dorfberg in Eichelberg.

den Dorfberg hinunter. Der außergewöhnliche Spaß für die ganze Ortschaft, der überdies regen Zulauf von außen erhält, wird vom Feuerwehrverein organisiert. Am erst kürzlich restaurierten Gemeindehaus, mit Türmchen, findet der gemütliche Weihnachtsmarkt statt. Der im Jahr 1963 erbaute Betsaal am Friedhof ist Versammlungsraum der Gläubigen für evangelische und ökumenische Gottesdienste. Das Dörfchen, so Willy

Eichelberg wird erstmals in der Pfarreitrennungsurkunde von 1232 erwähnt. Der Name ist recht einfach zu erschließen. Er soll tatsächlich von der Eiche stammen, somit ein Berg, an dem es Eichen bzw. deren Früchte, die Eicheln, gibt. Für die Schweinefütterung hatten die Eicheln großen Wert und waren daher für die Bauern wichtig.

Bergmann im Jahr 1975, wird infolge seiner reizenden Lage am Rande des Haßwaldes von naturliebenden Gästen gerne besucht.

Im Tal des Eichelbachs stoßen wir auf den Friedrich-Rückert-Wanderweg, der uns bis nach Reutersbrunn hinein führt.

Eichelberg war in den vergangenen Jahrhunderten wenigstens einmal knapp davor zu verfallen. Tatsächlich zu einer sogenannten Wüstung wurde dahingegen eine dörfliche Siedlung nahe Eichelberg, im eben genannten Haßwald. Wie ein Ort zu einer Wüstung werden kann, dies soll uns anhand dieser Gegebenheit erläutert werden.

In den Haßwald, und damit auch zu Fuß in die nächste Ortschaft Reutersbrunn, gelangen wir über die Eichelberger Dorfstraße ortsauswärts nach Westen.

Wüstungen, am Beispiel Hasenzelten bei Eichelberg

Als eine Wüstung bezeichnet man eine Siedlung, die heute nicht mehr existiert und an die zumeist nur noch Flurnamen und die Erwähnung in urkundlichen Dokumenten und Sagen erinnern. Mancherorts findet man Relikte wie Mauerreste oder Scherben. Die Gründe für das Untergehen einer solchen Siedlung liegen mitunter im Auftreten von Seuchen, Hungersnöten, Einfällen von fremden

Die Sage berichtet von Hasenzelten ...

... einem Dörfchen im Eberner Wald, dessen Gründer Wendensohn im lieblichen Eichelbachgrund im Schatten einer Eiche ruhte und im Traume ein Häslein jammern hörte: „Was fang ich an? Jäger und Hunde, Füchse und Katzen, Geier und Raben verfolgen mich!" Wendensohn gründete daraufhin das Dorf Hasenzelten. Er hütete das zahme Getier und das Wild wie einen kostbaren Schatz. Hasenzelten wuchs zu einem stattlichen Dorf, das seinen Bewohnern einen ruhigen, glücklichen Aufenthalt gewährte. Diese waren freundlich und barmherzig und weil sie die Tiere so gut behandelten, wurden diese wie einst im Paradies anhängliche Begleiter und treue Berater. Als die frommen Bewohner zum Kreuzzug auszogen, blieb zuletzt niemand mehr übrig als ein Ehepaar mit seinem Sohne. Diese führten aber ein ruchloses Leben, verfolgten die Tiere und wilderten in fremden Jagdrevieren. Die Zehntknechte von Ebern umzingelten deshalb bald den Hof, um die Übeltäter einzufangen. Als diese sich widersetzten, wurde ihr Anwesen in Asche gelegt und ihnen ein Grab in den Flammen bereitet. Die Gerichteten müssen aber auch jetzt noch als Nachtgespenster umherziehen, und wenn um Mitternacht der Ruf und Flügelschlag eines Hahnes verhallt, dann galoppiert ein Zehntknecht auf schwarzem Pferde zu dem Fichtenschlag, wo der Wüstenhof stand, um das Halsgericht wieder auszurufen, und erst wenn Lärm und Gejohl der beiden Jäger vom Wüstenhof verstummt sind, sieht man ihn wieder durch Eichelberg und Heubach nach Ebern zurückkehren. *(Aus: Geschichten und Sagen des Eberner Raumes, Bergmann/Wabra 1964)*

Teiche am Waldrand bei Eichelberg.

Völkern und Kriegen, Naturkatastrophen sowie durch Fortzug der Bewohner infolge wirtschaftlicher, politischer, sozialer und ökologischer Anlässe. Die meisten Wüstungen in den Haßbergen entstanden vom 12. bis 16. Jahrhundert und in einem zweiten Zeitabschnitt bis ins 18. Jahrhundert. Im Bereich der Haßberge konnten 76 Wüstungen, im Stadtgebiet Ebern sieben, ausfindig gemacht werden. So liegt im Eichelbachgrund am Kirchlauterer Weg eine Wüstung, genannt Hasenzeller, Haßeltzellern, Haßelzeldern oder Hasenzelten. Sie wurde erstmals 1538 genannt. Bereits 1576 heißt es „Hasenzellern ein wuestung im Eberner walde, soll Rotenhänisch" gewesen sein, zitiert Paul Sörgel in seinem Buch „Wüstungen im Umkreis der Haßberge" *(2001)*.

Mit dem Pkw fahren wir über einen der beiden auf die Anhöhe führenden Eichelberger Ortsausgänge, um nach Reutersbrunn zu kommen.

Reutersbrunn, von Wald umgeben

Alte Dorfkultur gibt es in Reutersbrunn zu entdecken. Inmitten des Ortes liegt die 1450 erbaute, im Bauernkrieg 1525 zerstörte und im 17. Jahrhundert wieder aufgebaute katholische Kirche St. Georg. Diese wurde im Jahr 1950, nachdem sie zu klein geworden war, um vier Meter nach Osten erweitert und mit einem Turm versehen. Neben der Kirche eine stolze Gemeinschaftsleistung der Reutersbrunner: Das zweigeschossige im Jahr 1889 erbaute Alte Schulhaus, bis 1968

Reutersbrunn wandelte sich von Ratersbrunn, Retersprunnen, Reittersbrunn und Reittersßbronn (1603) zum heutigen Namen. 1232 wird der Ort urkundlich zum ersten Mal erwähnt.

noch mit einer einklassigen Landschule besetzt, später als Außenstelle der Hauptschule Ebern und des Kindergartens genutzt, konnte renoviert und frisch gestrichen als Versammlungsraum für die ganze Dorfgemeinde

Das 2007 eingeweihte Gemeindehaus von Reutersbrunn.

im Juni 2007 eingeweiht werden. Der Platz dient nun auch als Treffpunkt für Jung und Alt. Am ersten Wochenende im August hält der Schnupferverein seit rund vier Jahrzehnten sein bekanntes Schnupferfest am alten Sportplatz ab. Ein Zielpunkt für viele auswärtige Gäste ist auch der Jugendzeltplatz, der am Waldrand einige hundert Meter südwestlich vom Dorf liegt. Schon zahlreiche Jugendgruppen haben hier bei Lagerfeueridylle und in grüner Natur unvergessliche Stunden verbracht. 131 Einwohner wohnen in Reutersbrunn, durch dessen Mitte der Friedrich-Rückert-Wanderweg führt. Der Ort bietet sich als Ausgangspunkt für ausgedehnte Wanderungen in die angrenzenden Wälder an. Die Markierung des Rückert-Wanderweges führt über den nördlichen Ortsausgang zum „Hohlen Stein".

Reutersbrunn von Norden gesehen.

Der Hohle Stein im Wald bei Reutersbrunn

Der „Hohle Stein" ist ein sagenumwobener Felsen mitten im Wald bei Reutersbrunn und ein Natur- und Kulturdenkmal. Er soll, wie erzählt wird, noch vor nicht allzu langer Zeit von einem Eremit bewohnt gewesen sein.

Es heißt, dass der Einsiedler seinen Hund abgerichtet hätte, sodass dieser mit einem Körbchen oder einer aufgeschnallten Tasche nach Ebern lief und die Sachen brachte, welche auf einem beiliegenden Zettel standen.

Schon im Dreißigjährigen Krieg könnte die Wohnhöhle als Zufluchtsort gedient haben, schreibt der ehemalige Forstdirektor Franz Kirchner in seiner

„Übersicht über die im Staatswald des Forstamtes Ebern gegebenen geschichtlichen Verhältnisse" *(1983).* Die runde Fläche am „Hohlen Stein" diente angeblich vor dem Zweiten Weltkrieg bei Waldfesten als Tanzplatz. Auch gilt der „Hohle Stein" als heidnische Kultstätte der Germanen, die dort ihre Göttin Hulda anbeteten. Möglich ist, dass sie nach Anrufung der Göttin durch die Felsenhöhlung krochen und dadurch Heilung von Zahn- und Rückenschmerzen zu erlangen suchten.

Wegkreuz bei Reutersbrunn.

Ein großer Teil des Eberner Landes ist von Wald bedeckt. Rehe am Waldesrand müssen keine Seltenheit sein; Wildbeobachtung mit Garantie gibt es allerdings im 25 Kilometer entfernten Wildpark Schloss Tambach der Familie der Grafen zu Ortenburg an der Bundesstraße 303 (nahe Coburg). Der 50 Hektar große malerische Schlosspark beheimatet rund 200 Tiere aus 20 heimischen Wildarten. Ein Anziehungspunkt ist der Bayerische Jagdfalkenhof mit eindrucksvollen Flugvorführungen. Für Familien mit Kindern ist der Wildpark ein empfehlenswerter Ausflugsort. Die meisten Wege sind überdies für Rollstuhlfahrer leicht befahrbar. Für ältere Besucher sind im Park zahlreiche Ruhebänke aufgestellt.

Über den nördlichen Ortsausgang von Reutersbrunn erreichen wir nach etwa zwei Kilometern die Staatsstraße 2278. Wir biegen rechts ab, um nach wenigen hundert Metern links in den Ort Unterpreppach einzubiegen.

Unterpreppach, eng verbundene Orts- und Kirchengeschichte

Mit 497 Einwohnern ist Unterpreppach die größte Ortschaft im Eberner Stadtgebiet. Ein wachsendes Neubaugebiet bestätigt die Attraktivität des Ortes. Bekannt ist Unterpreppach, oder kurz „Preppach" genannt, bei vielen

jungen Menschen aus der ganzen Umgebung, die am Wochenende in der örtlichen Gaststätte „Kaisers Kneipe" mit Diskothek einkehren, tanzen und feiern. Rastmöglichkeit für

Blick von Westen auf Unterpreppach und die katholische Kirche mit Kampanile.

durchquerende Wanderer ist inmitten des Ortes gegeben. Am neu hergerichteten Spielplatz hinter dem Feuerwehr- und Musikprobenheim können sich die Kinder austoben. Der Großparkplatz an der Breitenbachstraße unterhalb des Sportplatzes kann Ausgangspunkt für Wanderungen in die Umgebung sein, beispielsweise über den Nachbarort Vorbach zur Ruine Raueneck auf den Haubeberg *(Markierung Milan, Rundwanderweg).* In Unterpreppach und rund um das Dorf sind Wegkapellen, Wegkreuze und Bildstöcke aus den vergangenen fünf Jahrhunderten zu betrachten. Nicht zuletzt sind es auch die katholische Pfarrgemeinde und

Unterpreppach war zunächst als Nidern Breitbach bekannt (1358). Erst 1920 wurde Preppach in Unterpreppach umbenannt. Wahrscheinlich ist der Ort schon viel früher genannt, so bei der Pfarreientrennung 1232 als einfaches Breitbach. So feiern die Bürgerinnen und Bürger im Jahr 2007 ihr 775. Ortsjubiläum.

145

Die Breitenbachstraße in Unterpreppach führt durch den ganzen Ort.

die Kirchenzugehörigkeit, die den Ort über Jahrhunderte geprägt haben. Einer Urkunde aus dem Jahre 1504 ist die Erstnennung der ursprünglichen katholischen Kirche St. Wendelin und St. Bartholomäus zu verdanken. Eine bis dato erhaltene spätgotische Madonna aus dem Jahre 1480 sowie andere Begebenheiten lassen erahnen, dass die Kirche schon weitaus länger Bestand hatte. Am 28. März 1945, am Ende des Zweiten Weltkrieges, wurde die Kirche jedoch in ihren Grundfesten erschüttert: Ein Bombeneinschlag im Friedhof neben der Sakristei fügte den Mauern des Kirchturmes solchen Schaden zu, dass es sich als unmöglich herausstellte, diesen wieder instand zu setzen. Der Plan, das Kirchenschiff in eine Turnhalle für die nebenan befindliche Schule *(errichtet 1902)* umzubauen, konnte nicht umgesetzt werden, sodass 1964 der Abriss erfolgte. Seit 1960 steht oberhalb des Friedhofs ein an moderne Architektur und Gestaltung ausgerichtetes Gotteshaus in

Ortsmitte von Unterpreppach, mit Rastgelegenheit.

hellem Gelb. Die früheren Altäre sind in anderen Kirchen untergebracht: der reich geschmückte Hauptaltar im Rokokostil in der Eberner Spitalkirche und die beiden barocken Nebenaltäre in der Kirche zu Kerbfeld. Eine aktive Pfarr- wie auch Ortsgemeinschaft prägt das Leben der Menschen in Unterpreppach: Kirchliche Angebote wie Seniorenkreis,

Kinderkirche, Bibelkreis, Ministrantendienst und die Musikgruppe Dialog ergänzen die Vielfalt langjähriger und erfolgreicher, örtlicher Vereinsaktivitäten, darunter die weithin bekannte Jugendblaskapelle.

Im Jahr 1998 entwarf Kreisheimatpfleger Günter Lipp für die Vereine aus Unterpreppach ein Ortswappen. Stellvertretend für alle Ortswappen, die auch andere Stadtteile seit einigen Jahren erhalten haben, soll dieses beschrieben werden: Der blaue Fluss soll auf den alten Namen „Unter-Breitbach" hinweisen. Die rote, mit weißem Kreuz im Wind wehende Standarte soll auf die fränkischen Farben des Hochstifts Würzburg hindeuten sowie auf die schon früh erwähnten Wallfahrten, auf die aktive Kirchengemeinde und auf das lebendige Dorfleben. Die sechs grünen am Rand befindlichen Bäume verweisen auf die Forstordnung von 1578, auf die vielen Linden, die Preppach einst hatte, auf den „grünen Ort" Unterpreppach, auf mehr als sechs aktive Ortsvereine und auf die drei alten und drei neuen Preppacher Ortsteile.

Man spricht fränkisch – Dialekt im Eberner Land

In Äwern werd frängisch gredd – Verzeihung, in Ebern wird fränkisch gesprochen. Aber fränkisch ist nicht gleich fränkisch. Die Schweinfurter reden anders als die Bamberger, die Haßfurter anders als die Nürnberger. Jede Gegend, man kann fast sagen, jede Ortschaft hat ihre eigenen kleinen Dialektnuancen, die sich über das ganze Frankenland wie Mosaiksteinchen verteilen und von außen betrachtet ein buntes Sprachgemälde ergeben. Dialekt kann man schwer beschreiben, er muss „erlebt" werden. In unserem Falle durch ein echtes „äwera gschichtla" aus der gleichnamigen Publikation vom Eberner Hugo H. Einwag *(1980)*, der das Alltagsleben in Ebern – hier den Sport – von der humorvollen Seite betrachtet hat. Viel Spaß!

Üwern Schbord

*Die Roodfohrä, die bei dä Dur de Froos oddä obbä aa die in Gerich sich
immä so oostrampfln, die könnd mer doch eichlich aa in aan Omnibus
neihoggn. Wer donn am Ziel als örschtä ausn Bus raussschbringt, dä hädd
gäwonna un die Musglkrafd, die wär für annera Agdividädn zer Ver-
füchung. Denna Fußballä, die ölla aan anzichn Boll nochrenna, dena
müßd mer hold jedn aanzelna ann Boll gäm. Dann wär a Ruh auf den
grüna Roosn, dä sowieso in Äwärn öfters aweng dreggerd-grüü is. Un des
schwarz Männla mid seinä Pfeifn, des wär dann aa mehr wie flüssich,
nämlich üwerflüssich. (…) In dä Mehrzwegghall, do wärd gädurnd un
mid Bäll wärd aa ummernannergschmissn. Eichendlich müßd sa Ollz-
wegghall haasn, weil dä Dorrianis Vico und ä Helmhagens Egon aa scho
dodd ihra Liedla gsunga homm. A Mini-Meistersing-Holl sozusogn. Dä
„weiß Schbord" is jezz in Äwern aa scho „in". Dodd undern Grangnhaus
dunn sich die „Mini-Borgs" dummln un schlogn aan Mätschboll nochn
annern. Es is a Freud, dennana zuzäguggn. Ja, Äwern is hold a Schbord-
schdadt un so wie ich es seh, werrn die Fußballä von DeVau rechd bold ihr
Debüü in dä Bundesliga gäm. Vielleicht werr mer sogor amol deutscher
Maaster. – Wer waaß?*

Der östliche Orts-
ausgang von Unter-
preppach führt uns im
Talgrund des Baches
Ruppach über die
Ruppachsmühle zum
Ort Ruppach selbst
*(Wanderer: Markierung
Milan, abseits der Straße).*
Neben der Straße
vor dem Ruppacher
Ortsschild lädt eine
Sitzbank zu einem
malerischen Blick auf
die Bach- und Wiesen-
landschaft ein.

*„Das wahre Geheimnis der Welt ist das Sicht-
bare, nicht das Unsichtbare." (Oscar Wilde)
– Wiesengrund zwischen Unterpreppach
und Ruppach.*

Ruppach

Eine Rübe, mittelhochdeutsch ruobe/rüebe genannt, soll Namensgeberin von Ruppach sein. 1232 als Rubach bezeichnet, wurde der Ortsname im 19. Jahrhundert schließlich zum heutigen Ruppach.

Ortsmitte von Ruppach.

Das kleine Dorf mit 56 Einwohnern hat eine schöne von hohen Linden gesäumte Straße, an der Felsenkeller aneinandergereiht sind. Das Ortsleben in Ruppach, wird von der Dorfgemeinschaft Ruppach e. V. gestaltet. Ruppach war bis zur Gebietsreform mit Unterpreppach gemeindlich verbunden. Auf der Anhöhe, am Ende der Lindenstraße, verrät ein Wegweiser die Ziele der Umgebung. Eine Wanderung zur Ruine Raueneck ist empfehlenswert. Von Ruppach führen der Burgen- und Schlösserweg sowie der Burgenlehrpfad dorthin.

Dieser Weg war vermutlich eine Höhenstraße, die die Burgen Rotenhan, Raueneck und Bramberg miteinander verband. Von der Burg Bramberg aus ist eine Fortsetzung im dort vorbeilaufenden Rennweg zu vermuten.

Der Lindenhof, nördlich von Ruppach, ist ein Ferienbauernhof. Am Lindenhof vorbei gelangen wir zur B 279. Wir biegen rechts ab, und bei der nächsten Ausfahrt erneut rechts. Wir fahren nach Westen Richtung Haßfurt auf der Staatsstraße 2278 rund vier Kilometer lang, bis wir bei der Fahrt durch ein Waldstück hinter Unterpreppach auf einen Parkplatz auf der linken Seite treffen.

Felsenkeller in der Lindenstraße in Ruppach.

Rollstuhlgerechter Wanderweg an der Herrenbirke: Der geräumige Parkplatz nahe der Pöppelsmühle, von dem zwei Schotterwege in den Wald führen, ist Ausgangspunkt für Wanderungen in die Umgebung. Und gleichsam einer der Wandervorschläge, die in der Broschüre „Rollifahrer erleben Natur und Landschaft im Naturpark Haßberge" als rollstuhlgerecht beschrieben sind: Der 4,5 Kilometer lange windungsreiche Rundweg führt im Uhrzeigersinn über fünf Steigungen durch einen Hochwald aus Buchen und Kiefern.

Wegweiser mit Symbolen des Burgen- und Schlösserweges, des Burgenlehrpfades und der Markierung Milan.

Auf der Staatsstraße geht es weiter bis zur nächsten Einmündung. Links liegt im Talgrund der Preppach die Pöppelsmühle, die erstmals 1574 erwähnt ist und vom Personennamen „Poppelîn" hergeleitet sein soll.

Die Pöppelsmühle kann auch als Rest der einstigen Siedlung Oberpreppach gelten, die 1244 urkundlich genannt wurde und 1468 als Wüstung bezeichnet ist.

Wir biegen von der Staatsstraße rechts ab und erreichen nach etwa einem Kilometer den nächsten Stadtteil Vorbach.

Schafherde bei Ruppach.

Vorbach

Zu Füßen des Haubeberges und der darauf stehenden Burgruine Raueneck liegt der kleine Ort Vorbach, in dem

129 Einwohner leben. Die katholische Kirche von 1782 ist Johannes dem Täufer geweiht. Für ihren Bau hat sich einst der tatkräftige Jesserndorfer Pfarrer Franz Wilhelm Korb eingesetzt, als Ausgleich für die ab 1745 verfallende Burgkapelle Raueneck. Das Gotteshaus war damit eine von drei Kirchen, die Korb nach eigenen Worten während seiner 13-jährigen Pfarrzeit in der Pfarrei Jesserndorf gebaut

Katholische Kirche von Vorbach.

hat. Ebenso engagierte sich der unermüdliche Geistliche damals für die Errichtung und den Betrieb eines kleinen Schulhauses in Vorbach, wie in drei weiteren Orten. Der Sandsteinbrunnen in der Ortsmitte ist, wie in den letzten

Jahrzehnten vieles andere in der Umgebung auch, vom in Vorbach ansässigen Steinmetz Hans Saxinger gehauen worden. Der Brunnen, aus dem ein Froschkönig speit, findet sich in einem schönen Ensem-

Ortsmitte in Vorbach mit schönem Sandsteinbrunnen aus dem Jahr 2001.

ble wieder, mit Seerosenteich, Feuerwehrheim, Sitzbänken und im Hintergrund einem Spiel- und Bolzplatz.

Die Freiwillige Feuerwehr und der Obst- und Gartenbauverein gestalten das Dorfleben mit alljährlichen Festlichkeiten und Veranstaltungen.

Ganz unvermutet leitet sich Vorbach wahrscheinlich von einer Baumart ab: Der „mit Föhren bewachsene Bach" übertrug sich auf die Siedlung. Föhren sind im Übrigen die Kiefern. Denkbar wäre auch ein „Forellenbach". Urkundliche Erwähnung fand der Ort 1364 als Furbach. In den folgenden Jahrhunderten wechselten sich mehrmals Vorbach und Forbach ab, bis es schließlich bei der heutigen Schreibweise blieb.

Das verträumte Dörfchen am Fuße des Haube-Südhanges war schon immer beliebter Ausgangspunkt für Wanderungen in die weiten Forsten der Haube und des Steinert und zur Burgruine Raueneck, schwärmte der Brünner Hauptlehrer Willy Bergmann in seinen Aufzeichnungen *(1975)*. Einen kurzen, aber steilen Weg geht es von Vorbach zur Ruine Raueneck *(Rundwanderweg Markierung Milan: Über die Ruine Richtung Ruppach und über Unterpreppach nach Vorbach zurück)*.

Wir nehmen jedoch den gleichen Weg, den wir gekommen sind, aus dem Ort hinaus, zur Staatsstraße zurück. Auf dem Weg dorthin sehen wir auf der rechten Seite ein

Wegkreuz an der Straße nach Vorbach.

Flurdenkmal, ein Kreuz, als stummer Wegbegleiter, wie wir ihn an vielen anderen Stellen in der ganzen Umgebung sehen können. Kleine Kapellen, verzierte Bildstöcke und schlichte Feld- und Wegkreuze an Feldern und Wegen, umrahmt von Büschen und Bäumen, bieten einen kurzen Halt an, für ein stilles Gebet und für einen ruhigen Moment. Sie sind Heiligen gewidmet, aus Dankbarkeit errichtet oder erinnern an das Opfer eines Unfalls oder einer schlimmen Tat.

An der Staatsstraße angekommen biegen wir rechts ab. Es folgt die Gemünder Mühle, links im Talgrund.

Gemünd

Das 21 Einwohner zählende Gemünd liegt direkt an der Staatsstraße 2278.

Gemünd mit der durchführenden Staatsstraße 2278.

Ebenfalls bereits 1232 ist der kleine Ort Gemünd erwähnt. Der Name soll vom Zusammenfluss mehrerer kleiner Bäche südwestlich des Dorfes stammen, was mittelhochdeutsch als „gemünde" bezeichnet wurde.

Zusammen mit dem Nachbarort Welkendorf bildete Gemünd bis zur Gebietsreform 1972 eine Gemeinde. Im Ort rechts abbiegend kommt man über einen Feldweg auf eine Anhöhe, von der man einen schönen Blick in die Umgebung hat. Der Feldweg ist gleichsam Teil des Friedrich-Rückert-Wanderweges, der bergauf Richtung Ruine Raueneck führt. Bergab führt der Rückert-Weg durch Gemünd hindurch und auf der anderen Seite in den Wald hinein zum Weißfichtensee, der nachfolgend beschrieben wird.

Wir folgen ebenfalls quer durch den Ort, bleiben aber auf der Vorfahrtsstraße nach Welkendorf.

Welkendorf

Blick auf Welkendorf von Südwesten.

Den meisten Menschen ist das 27 Einwohner große Welkendorf als Durchgangsstation zur Erholungsanlage des Weißfichtensees bekannt, welcher rund einen Kilometer südlich des Dorfes liegt. Trotz seiner geringen Größe gibt es im landwirtschaftlich geprägten Dorf einen kleinen

Welkendorf wurde vermutlich bereits um das Jahr 1140 urkundlich erwähnt und soll einst als „Dorf des Velek", ein slawischer Personenname, bestanden haben. 1232 kam es als Welchendorff zur Pfarrei Ebern.

Gemeindesaal und, gemeinsam mit Gemünd, eine Freiwillige Feuerwehr. Nach der Ortschaft führt ein Weg links zum Weißfichtensee. An der 1974 an die Öffentlichkeit übergebenen Erholungsanlage Weißfichtensee befinden sich ein Grillplatz, eine offene Schutzhütte, eine Quelle und ein Wald- und Abenteuer- spielplatz. Der 482 Meter hohe benachbarte Stachel bietet Wanderfreunden, die einen steilen Aufstieg nicht scheuen, einen guten Aussichtspunkt *(Markierung: Elster)*.

Eine große Tanne gab dem Weißfichtensee ihren Namen. Einst stand im südlichen Waldbezirk der heutigen Naherholungsanlage Weißfichtensee

eine große Tanne, umgangs- sprachlich als Weißfichte bezeichnet. Sie soll einstmals die größte Tanne Deutsch- lands gewesen sein, mit einer Höhe von fast 50 Metern und einem Stammumfang von 5,5 Metern. Dieses rund 400 Jahre alte beeindrucken- de Naturdenkmal ist am 6. Juni 1939 durch ein von

Der Weißfichtensee im Abendlicht.

zündelnden Buben gelegtes Feuer im Stamm unter donnerndem Getöse eingestürzt, wie der damalige Eberner Oberlehrer Karl Hoch berichtete. Bis dahin hatte man einiges unternommen, um den Baum solange wie möglich zu erhalten. So war aufgrund von Stockfäule eine tiefe Höhlung entstanden, die die Forstbehörde immer wieder säubern und ausmau- ern ließ, erfahren wir von Kreisheimatpfleger Günter Lipp in einem Zeitungsartikel zum Jahr der Weißtanne 2004. Ferner hatte man mehrere hohe Bäume um sie herum bewusst stehen lassen, um ihr Windschutz zu geben. Dies alles hatte nichts genutzt, durch Menschenhand wurde sie doch noch zu Fall gebracht. Heute erinnert der Name des nahe der Weißfichte gelegenen Sees an den Baumriesen. An ihren einstigen Standort wurde von Forstleuten eine moderne Skulptur aus Eichenholz gesetzt. Der stolze Baum wurde im Übrigen nicht zersägt und abtransportiert, daher ließen sich bisher noch Reste am Waldboden erkennen.

Der Weg führt vom Weißfichtensee Richtung Welkendorf zurück. Wir biegen an der Weggabelung nun links ab, den Hang hinauf. Die Straße schlängelt sich schließlich in einen kleinen idyllischen Talgrund hinab, um auf der gegenüberliegenden Anhöhe als nächsten Ort Weißenbrunn zu erreichen.

Weißenbrunn

Der kleine Ort Weißenbrunn ist eingebettet in eine malerische Hügellandschaft. Hinter dem vielen Grün der Laubbäume, Nadelbäume und Sträucher spitzen die Wohngebäude hervor. Der 61 Einwohner große Stadtteil ist vor allem durch das Schloss Weißenbrunn bekannt, das im Kapitel „Burgen und Schlösser" beschrieben wird. Inmitten des Ortes liegt das neu renovierte Feuerwehrhaus mit Glockenturm, in welchem die Glocke des alten Gemeindehauses täglich schlägt. Direkt im Anschluss befindet sich das neue Gemeindehaus, welches 1999 eingeweiht werden

Eine der frühesten Erwähnungen des Ortes wird auf 1232 datiert, als „Wisebrunnen" zur Pfarrei Ebern kam. Der Ortsname kommt wahrscheinlich vom Althochdeutschen „weiß, glänzend". Es kann aber auch ein Personenname Wizzo vermutet werden.

konnte, nachdem ein alter, maroder Bau drei Jahre zuvor abgerissen wurde. Die Weißenbrunner schufen das Gebäude in Eigenleistung, das als Versammlungsort für die ganze Dorfgemeinschaft

Das Weißenbrunner Feuerwehrhaus mit Glockenturm.

Pferd auf einer Koppel in Weißenbrunn.

dient. Als einziger Verein im Ort besteht der Feuerwehrverein, unter dessen Veranstaltungen das so genannte Familienfest am Sonntag nach Christi Himmelfahrt im Mai hervorgehoben werden soll. 2008 feiern die Weißenbrunner mit allen Besuchern dieses Fest „mit den familienfreundlichen Preisen" zum 20. Mal. Das Kirchweihfest Ende Oktober wurde zunächst als evangelische Kirchweih in Jesserndorf gefeiert. Nach dem Schließen der evangelischen Gastwirtschaft dort verlagerte man das evangelische Kirchweihfest nach Weißenbrunn. Durch das Schloss, das heute in Privatbesitz ist, waren über die Jahrhunderte Adelsfamilien in Weißenbrunn ansässig. Georg Ludwig Lehnes (1842) berichtet, dass es während der von fuchsschen Inhabung im Bauernkrieg 1525 zerstört wurde. 1676 heißt es in den Quellen wieder „Weißenbronn nechst bei Jesendorff".

Als Wanderer können wir den nächsten Ort Jesserndorf über den nördlichen Ortsausgang von Weißenbrunn erreichen, wenn wir der Markierung Elster folgen. Ebenfalls über die nördliche Ortsausfahrt fahren wir auch mit dem Pkw Richtung Staatsstraße zurück. Auf dem Weg passieren wir links den Aussiedlerhof „Straßenhof".

An der Staatsstraße 2278 biegen wir links ab und folgen dem Straßenverlauf bis Jesserndorf. Wir befinden uns nun rund zehn Kilometer von Ebern entfernt.

Jesserndorf

Das malerische Jesserndorf ist eines der schönsten Dörfer im ganzen Stadtgebiet. Besonders sehenswert ist der

Sehenswert: Der Dorfplatz von Jesserndorf mit Brunnen.

Jesserndorf ist einer der Orte, die 1232 der neuen Pfarrei Ebern zugeschlagen wurden, mit dem damaligen Namen „Gesendorff". 1446 wurde Jesserndorf zur selbständigen Pfarrei erhoben.

historische Ortskern mit einem großzügigen und hübsch angelegten Dorfplatz, um den herum Fachwerk- und Sandsteinhäuser angeordnet sind. Ein Stein am Dorfbrunnen verrät, dass Jesserndorf 2002 Kreissieger im Bundeswettbewerb „Unser Dorf soll schöner werden – Unser Dorf hat Zukunft" wurde.

Auch das heute 242 Einwohner große Jesserndorf war ein Ort unter jahrhundertelangem Einfluss verschiedener territorialer Herren und Konfessionen. In Jesserndorf ist dieses Nebeneinander heute noch sichtbar. In Nachbarschaft stehen die beiden Kirchen: die katholische Pfarrkirche St. Antonius, ein neuromanischer Bau von 1886 mit einem Turm aus dem 15. Jahrhundert, und die evangelisch-lutherische Kirche, ein neugotischer Sandsteinquaderbau von 1858 mit angebautem Pfarrhaus.

Bis zum Jahr 1854 besuchten alle Kinder noch die katholische Volksschule. 1878 wurde nach einer Übergangslösung ein evangelischer Schulsaal

Dorfplatz Jesserndorf: Gesang am Lagerfeuer.

gebaut. Zwei Kirchen, zwei Pfarrhäuser, zwei Schulen und alsbald schon zwei konfessionsverschiedene Gastwirtschaften in einem kleinen Ort waren in dieser Form ungewöhnlich. Trotzdem, oder vielleicht gerade wegen dieser herrschaftlichen und konfessionellen Verschiedenheit, hatte der in der Mitte des 19. Jahrhunderts schon fast 200 Einwohner große Ort bereits eine ausgeprägte Wirtschafts- und Sozialstruktur. Fast sämtliche Dorfhandwerker waren zu der Zeit in Jesserndorf vertreten, unter anderem Schmied, Schneider, Büttner, Weber, Maler, Schreiner, Wagner, Krämer sowie drei einstmals mit Brauhäusern ausgestattete Gastwirtschaften. Von den drei Gasthäusern, die allesamt am Dorfplatz gelegen waren, besteht heute eines noch, das gleichsam Anlaufstelle für viele Veranstaltungen in Jesserndorf ist. Treffpunkt ist auch ein in den Ortschaften selten gewordener kleiner Lebensmittelladen, der nicht direkt in der Dorfmitte, sondern etwas oberhalb gelegen, in der Lothar-Dietz-Straße betrieben wird. Der städtische Kindergarten, der einzige außerhalb der Kernstadt Ebern, ist eine weitere wichtige Einrichtung für die Kinder aus Jesserndorf und der näheren Umgebung. Die

Südlich von Jesserndorf, auf einer Anhöhe, ist ein Rastplatz mit schönem Blick auf den Ort (Die Bühler Straße entlang und dann links in den Feldweg abbiegen).

Keramikwerkstatt am Dorfplatz mit Verkaufsladen und gemütlicher Weinstube prägt das kulturelle Leben durch Konzerte und den alljährlichen Weihnachtsmarkt und ist weit über Jesserndorf hinaus bekannt. Die Dorfgemeinschaft Jesserndorf e. V. organisiert das Miteinander des vielgestaltigen Orts- und Vereinslebens, das als örtliche Besonderheit einen Pfeifenclub einschließt, der überdies Deutscher Meister im Pfeifenrauchen ist. Die dorfeigene Theatergruppe tritt mit ihren Stücken alljährlich um die Neujahrszeit auf. Der 1928 gegründete Haßbergverein Jesserndorf e. V. kümmert sich um die Heimatpflege und vor allem um die

Wanderwege rund um den Ort. Vom Dorfplatz aus lässt sich ein schöner Rundwanderweg nach Südwesten durch den Wald über Bühl nehmen *(Markierung: Reh)*. Bereits nach wenigen hundert Metern ist ein Blick ins östlich gelegene Ebern möglich, bei gutem Wetter kann man sogar deutlich und in beinahe unwirklich erscheinender Größe das rund 30 Kilometer entfernte Kloster Banz hinter den Eberner Häusern erkennen.

Über die Markierung Elster oder Fasan kommt man von Jesserndorf in südöstliche Richtung nach Weißenbrunn oder Welkendorf, und von dort aus weiter.

Bodenständiges Fachwerk

Der Fachwerkbau hat in Franken, sowie in ganz Deutschland, eine jahrhundertealte Tradition. Zwar gibt es eine Einteilung in das typische fränkische Fachwerk, das sich gegenüber dem alemannischen und niederdeutschen ab-

Fachwerkhaus in Jesserndorf.

grenzt, doch hat die Zeit eine Vielfalt an Erscheinungsbildern hervorgebracht. Als spielerisch wird das fränkische Fachwerk beschrieben, nicht immer symmetrisch, mit verschiedenen Verstrebungen der horizontalen und vertikalen Holzbalken, der Streben (schräge Balken) und der Gefache (Raum zwischen den Balken). Das so genannte Andreas-Kreuz ist nicht nur bei Bahnübergängen, sondern auch in der Fachsprache für eine Schmuckform des Fachwerks bekannt. Als besonders eindrucksvoll ausgestaltetes Fachwerkgebäude gilt das Eberner Rathaus. Jesserndorf hingegen birgt ein sehr sehenswertes, wenngleich von eher schlichteren Fachwerkhäusertypen gestaltetes, fränkisches Ortsbild.

Heilkraft in Steinen: Außerhalb des Ortes, in der Waldanlage mit dem passenden Namen Steinert, liegen ganz besondere Sandsteinfindlinge: Einigen von ihnen werden heilende Wirkungen nachgesagt. Als alte Kraftorte gelten über 20 nummerierte, unterschiedlich große, über das Waldgebiet verteilte Felsen. Viele Menschen haben schon diese Orte aufgesucht, um die heilsamen Felsenkräfte zu erspüren. Erwanderbar ist das am Berghang gelegene Waldgebiet am günstigsten vom Parkplatz östlich von Jesserndorf, der direkt an der Staatsstraße gelegen ist. Der drei Kilometer lange Weg über die Markierung Dachs ist eine beliebte Strecke, die auch gut mit Kindern gegangen werden kann. Bezeichnet wird die Stelle auch mit dem schönen Namen „Oase der Ruhe". Es befindet sich dort ein von einer Quelle gespeister kleiner See. Eine Mariengrotte wurde im Jahr 1902 von einem Kaplan gestiftet, der an Zungenkrebs litt. Für eine Wanderung dorthin sollte man etwas Zeit mitbringen. Weitere „Heilsteine" befinden sich unter anderem inmitten der Ruine Rotenhan (bei Eyrichshof) sowie im Altensteiner und Lichtensteiner Wald.

Von Jesserndorf geht es über die Lothar-Dietz-Straße nordwestlich aus dem Ort hinaus, wo wir nach kurzer Zeit die Staatsstraße überqueren und Bramberg vor unseren Augen auftaucht.

Bramberg, ein echtes Haßbergdörfchen

Die 175 Einwohner große Ortschaft, die sich an einem leicht ansteigenden Hang aufrichtet, ist ein typisches Haßbergdörfchen und der westlichste Stadtteil Eberns. Bekannt ist der Ort durch den 494 Meter hohen Bramberg mit der Ruine Bramberg, die namensgebend für das Dorf war *(Genaueres zur Ruine ist nachlesbar auf S. 89)*. Den Bramberg erkennt man durch seine Form im ganzen Umland,

wenn man auf die charakteristische Zacke der bewaldeten Bergkuppe achtet. Im heutigen Bramberg ist der Fleiß der Bewohner spürbar. Inmitten

Bramberg von Norden.

Filialkirche St. Wendelin von Westen.

Der Name Bramberg soll vom Althochdeutschen „brāma" stammen, was Brombeerstrauch oder Dornbusch bedeutet. Auf der Basaltkuppe des Brambergs konnten nur weniger anspruchsvolle Pflanzen wie diese Sträucher wachsen, was eine Besonderheit darstellte und die Menschen zur Namensgebung veranlasst haben könnte. Die urkundliche Ersterwähnung betraf die damalige Burg Bramberg 1108, eine heutige Wüstung Altenbramberg ist 1244 beurkundet.

des Dorfes lädt ein von den Bürgern hübsch gestalteter und gepflegter Platz mit Brunnen zum Verweilen ein. Kein Wunder also, dass die Bramberger schon in den siebziger Jahren beim Wettbewerb „Unser Dorf soll schöner werden" die Silbermedaille auf Bezirks- und Landesebene gewinnen konnten. Etwas oberhalb der Dorfmitte, in der katholischen Filialkirche St. Wendelin *(1778)* steht seit wenigen Jahren ein neuer Altar, der als Glanzstück der abgeschlossenen Kirchenrenovierung durch Bischof Dr. Friedhelm Hofmann im Juli 2005 eingeweiht wurde. Im Übrigen, so können wir bei Pfarrer Franz Wilhelm Korb in seiner Chronik nachlesen, stecken in den Mauern der Kirche Teile der einstigen Bramberger Burg, die zum Kirchbau auf Veranlassung des Pfarrers selbst abgetragen wurden.

„**Von dieses** Schlosses umgebenen Türmen, welche zu meiner Zeit noch stunden, aus lauter Quadersteinen gebauet waren, habe die neue Kirche im Dorf Bramberg gebauet, welche Steine ich durch gelegte Balken und Hölzer den Berg habe hereinlaufen lassen, wo unten am Berge die Bauern aufgeladen, ins Dorf eingebracht." (F. W. Korb, Lehnbuch und Pfarrbeschreibung vom Jahre 1775, S. 71)

Das idyllisch gelegene Bramberg ist als Urlaubsziel beliebt und bietet seinen Gästen einige Ferienwohnungen. Der

Auf dem Reiterhof in Bramberg.

Haßbergverein Bramberg e. V. sowie die anderen Vereine gestalten den örtlichen Veranstaltungskalender, darunter das Brunnenfest am „Rentnerdreieck" Richtung Albersdorf an der Straße gelegen. Zweimal im Jahr, an Pfingsten und im Spätsommer, organisiert der Bramberger Motorsportclub ein Mofa-Cross-Training und ein Motocrossrennen in verschiedenen Klassen. Motorsportfans aus nah und fern reisen nach Bramberg, um ihrem Hobby rund um knatternde Motoren zu frönen.

Zeichen fränkischen Lebens: Hoftore und Pforten

Wer aufmerksam durch ein fränkisches Dorf wie Bramberg fährt, kann zahlreiche Beispiele fränkischer Lebensart entdecken. Merkmale unserer Gegend sind malerische Ortsbilder mit Fachwerkhäusern, bunt blühenden Bauerngärten, üppigem Blumenschmuck vor den Häusern und Anwesen. Ein weiterer Teil des typischen Ortsbildes sind die fränkischen Hoftore und Pforten. In frühen Zeiten waren die Hofeingänge zunächst aus Holz. In Baunach kann ein derartiges originelles Holztor mit hölzernen Männern in Landsknechtstracht aus dem Jahre 1710 betrachtet werden. Schmuckvolle Steinpforten sind in der Wende vom 16. zum 17. Jahrhundert, unter der Regierungszeit Fürstbischofs Julius Echter, aufgekommen. Von steinernen Toranlagen gibt es unterschiedliche Typen. In einfachster Form bestehen sie lediglich aus drei Pfosten, an denen die Tore des Fußgängereinganges und der Wagenzufahrt befestigt sind. Die klassische Ausführung dagegen ist die Überdeckung der Fußgängertür mit einer Steinplatte, die verschiedene Schmuckformen trägt. Die Säulen des Tores werden oftmals von herausragenden und abgerundeten Steinen getragen, den zweckbestimmten Radabweisern: Der Radabweiser sollte das Tor vor Beschädigung durch die Fuhrwerke schützen.

Hübsches Hoftor in Bramberg.

Auf der Fahrt von Bramberg zur nächsten Station Bischwind am Raueneck, gelangt man nicht nur zum 494 Meter hohen Bramberg selbst, sondern auch zu einer Besonderheit im Eberner Stadtgebiet: Außergewöhnlich ist der Bramberger Friedhof, der eine besondere Lage und Einfriedung aufweist. Im Schutz hoher Bäume liegen die Gräber, neue wie alte, worunter vor allem eine Reihe neugotischer Grabsteine auffällt: Die letzte Ruhestätte einer Försterfamilie aus dem 19. Jahrhundert.

Bei der Weiterfahrt besteht die Möglichkeit links abzubiegen, um den Wanderparkplatz mit Schutzhütte aufzusuchen, der sich als Ausgangspunkt für Touren anbietet, so zur Burgruine selbst. Viele Brünnlein und Quellen sowie kleine Denkmale gibt es in den Wäldern zu entdecken.

Wir gelangen zum Ort Hohnhausen, der zum Gemeindegebiet Burgpreppach gehört. Das von dort aus acht Kilometer entfernte malerische Städtchen Königsberg in Bayern ist für seine sehenswerten Fachwerkfassaden bekannt und einen Besuch wert. Berühmtester Sohn der Stadt ist der im Jahr 1436 als Johannes Müller geborene „Regiomontanus", der als Astronom unvergänglich in die Weltgeschichte einging.

Kreuzung von Höhenwegen

Ganz in der Nähe, in den „Dornbuschbergen" nordöstlich von Königsberg, kreuzen sich zwei bekannte Höhenstraßen früherer Zeit: Der rund 60 Kilometer lange Rennweg, der von Hallstadt kommend den Bramberger Wald durchquerend nach Sulzfeld i. Grabfeld führt und

der 45 Kilometer lange Amtsbotenweg, der die Verbindung zwischen Coburg und Königsberg darstellte. Die Hochstraßen sollen ursprünglich Boten- und Kurierwege gewesen sein.

Wandern auf dem Rennweg, einige Meter südlich von der Kreuzung mit dem Amtsbotenweg in den Dornbuschbergen bei Königsberg.

Kaufleute nutzten sie aber bald schon als Verkehrswege, Soldaten als Heeresstraßen. Auf unserem Rennweg, von dessen Art es mehr als 200 in Deutschland gibt, sollen nicht nur Boten von Burg zu Burg, sondern selbst Karl der Große mit seinem Gefolge geritten sein, wenn er von Fulda nach Forchheim unterwegs war. Die bis zu sieben Meter breiten Wege, die waldgeschützt auf Kammhöhen verlaufen, meiden die Siedlungen und stellen immer die kürzeste Verbindung dar, damit eine schnelle Nachrichtenübermittlung gewährleistet war. Heute wird auf den alten Wegen gewandert, einschließlich schöner Ausblicke und angenehmer Stille.

Über den östlichen Ortsausgang von Hohnhausen gelangen wir auf der Landstraße direkt nach Bischwind am Raueneck.

Bischwind am Raueneck

Schon von weit her sichtbar ist der spitze Bischwinder Kirchturm, der einen Unterbau von vermutlich 1446 besitzt und zur 1722 umgebauten katholischen Pfarrkirche Mariä Verkündigung gehört. Solch spitze Kirchtürme gehen auf

Gut sichtbar: Kirchturm von Bischwind am Raueneck.

die Regierungszeit des Würzburger Fürstbischofs Julius Echter *(1573 bis 1617)* zurück, der sich um die Rückkehr evangelisch gewordener Gemeinden zum katholischen Glauben bemüht hatte und als der wohl größte Territorialpolitiker seiner Zeit gilt. Diese „Echter-Türme" stehen den Fünfknopf-Helm-Kirchtürmen gegenüber, die einst von den Bamberger Bischöfen in Auftrag gegeben wurden. In der Kirche selbst ist eine spätgotische Holzfigur von St. Nikolaus aus der Zeit um 1500 erhalten. Die im Stadtgebiet in dieser Form einzigartige Ringmauer rund um die Kirche und den Friedhof könnte darauf hindeuten, dass dies einst eine Wehrkirche gewesen ist. Anhand des Ortsnamens Bischwind erfahren wir von der einstigen Anwesenheit slawischer Bewohner, die auch Wenden oder Winden genannt wurden. Das angehängte Wort -wind(en) deutet auf die Ansiedlung durch einen fränkischen Herrn hin.

Der Ort, als Bischoffswinden ebenfalls in der Pfarreienteilungsurkunde von 1232 genannt, gehört somit zu den -winden-Orten des Haßbergoberlandes und bedeutet übertragen „bei den Winden des Bischofs". Mehrere Ortschaften mit dem Namen Bischwind sind in der weiteren Umgebung bekannt. „Bevölkerungsmangel führte zur Bereitschaft fremdländische Siedler aufzunehmen", schreibt Dr. Isolde Maierhöfer darüber im Historischen Atlas von Bayern, Teil Ebern (1964).

Das heute 226 Einwohner große Bischwind hatte im Laufe der Jahrhunderte mit den hier typischen Problemen einer Dorfgemeinde zu kämpfen: Der Riss durch die Bevölkerung infolge der Zugehörigkeit zu verschiedenen Herrschaften und damit

Einstige Bürgermeistermedaille von Bischwind am Raueneck.

verbunden die konfessionelle Verschiedenheit der Bevölkerung. Die evangelischen Bischwinder pfarrten nach Burgpreppach, die katholischen bildeten eine Filiale von Jesserndorf. Die Menschen lebten als Untertanen der Herren von Erthal zu Leuzendorf, der Fuchs von Bimbach, Burgpreppach und Ditterswind und als „Würzburgische", d. h. dem Würzburger Bischof unterstellt, berichtete Pfarrer Korb in seiner Chronik. Um die Ordnung im Dorf dennoch zu bewahren, gab es Dorfordnungen. Von Bischwind ist eine aus dem Jahre 1540 erhalten, die unter anderem folgende Bestimmung enthält: *„3. Item, welcher einem Paum, der fruchtbar ist, abhaut, der wird gebüßt umb 1 Gulten."*

Rastmöglichkeit besteht, neben zahlreichen Sitzplätzen rund um den Ort, auch vor dem Bischwinder Sportheim, dem ehemaligen Schulhaus, das vom Sportverein bewirtet wird. Das Sonnwendfeuer an Johannis wird von einer Gruppe mit dem für sich sprechenden Namen Kolbenquälerverein, einstmals motorisierte Jugendliche, heute eine Runde geselliger Mittdreißiger, ausgerichtet. Das Sommerfest des Sportvereins findet am ersten Augustwochenende alljährlich statt. Am Ortsausgang Richtung Brünn zieht ein Gehege mit Damwild die Blicke auf

sich, an der Weggabelung am Ortsrand besticht ein Kriegerdenkmal durch seine besondere Anordnung.

Das Kriegerdenkmal in Bischwind in der Abendsonne.

Der Kreuzmüller als Lebensretter erzählt etwas über die Kriege im Eberner Land und ihre Folgen

Kriege haben seit jeher das Leben der Menschen erschüttert; zuletzt der Zweite Weltkrieg, der an unserer Region nicht spurlos vorübergegangen ist. Durch die Jahrhunderte litten die Bewohner immer wieder unter Auswirkungen und Folgen der Auseinandersetzungen: Sie mussten durchziehende Truppen aufnehmen und waren zur Versorgung dieser gezwungen; Plünderungen, Brandschatzungen und Mord waren an der Tagesordnung. Ganze Dörfer wurden zerstört, nur mit Mühe und Not konnten sie nach und nach wieder aufgebaut werden, nicht wenige verfielen und wurden zu einer Wüstung.

Welche Not der Durchzug militärischer Truppen für die Bevölkerung mit sich brachte, davon erzählt uns folgende überlieferte Sage vom Kreuzmüller aus Hohnhausen, dem Nachbarort von Bischwind am Raueneck: „Es war zur unruhevollen Zeit der Franzosenkriege, als auch unsere stillen Haßbergdörfer vor durchmarschierenden Truppenverbänden, ob Freund oder Feind, keine Ruhe fanden. So kam wieder einmal, aus dem benachbarten Bischwind anrückend, ein französisches Soldatenkommando nach Hohnhausen und begehrte vom Dorfschultheißen Johann Müller die Summe von 100 Gulden. Bei bestem Willen war es den Bewohnern dieser kleinen Siedlung nicht möglich, diese hohe Kriegsschatzung zu leisten. Kurzerhand wurde der Dorfschulze von den Soldaten gebunden nach Bischwind geführt, um dort füsiliert (standrechtlich erschossen) zu werden. Da wurde der Kreuzmüller in höchster Not zum Lebensretter. Er hatte vor kurzem ein Paar Ochsen verkauft und übergab nun die geforderten 100 Gulden einem eilends nachgesandten Boten. Der Trupp war schon in der Bischwinder Markung angelangt, als ihn der Bote einholte und, ganz außer Atem, dem Schulz das Lösegeld übergab. Auf freien Fuß gesetzt, konnten die beiden freudestrahlend den Heimweg antreten."

Wir wählen den Weg an der Kirche vorbei in südlicher Richtung nach Albersdorf. Nach Bischwind am Raueneck ist erst einmal eine bewaldete Anhöhe zu überqueren, bevor wir uns von Norden her Albersdorf nähern, das im Tal vor uns liegt.

Albersdorf

Wenn silbrige Nebelschwaden den Talgrund durchziehen, fühlt man sich in eine andere Zeit versetzt, einer Märchenwelt gleich.

Schmuckes Albersdorfer Dorfbild.

Albersdorf. Sagenhaftes schwingt bereits im Namen mit; so könnte Albersdorf im 8. Jahrhundert als „Zum Dorf des Adalbold" bestanden haben. Oder erhielt der Ort den Namen von den „Schwarzpappeln", die hier einst wuchsen? Urkundlich erwähnt wurde Albersdorf erst im Jahre 1231, als Hermann von Raueneck „Albolsdorf" vom Würzburger Bischof als Lehen erhält.

Heute wohnen in Albersdorf 84 Bürgerinnen und Bürger. An baulichen Besonderheiten haben die Jahrhunderte das Schloss und die barocke katholische Kirche St. Michael *(1716)* hervorgebracht.

Im Jahr 2005, im Rahmen einer Kirchenrenovierung, wurden die drei Säulenaltäre neu hergerichtet. Den Boden bedeckt nun Albersdorfer Sandstein. Die Kir-

Barockkirche St. Michael von innen.

che wurde erbaut vom Würzburger Fürstbischof Johann Philipp von Greiffenclau *(1699 bis 1719)*. Gebunden war Albersdorf über Jahrhunderte an verschiedene Landadelsfamilien, die unter anderem ein als Wasserschloss erbautes Domizil bewohnten. Um 1700 entstand als Jagdsitz der Fürstbischöfe zu Würzburg die heutige Schlossanlage, die anschließend mehrmals veräußert wurde und heute in Privatbesitz ist.

Als eigenes Schulhaus wurde in Albersdorf, nach einer ersten Zwischenlösung in einem ehemaligen Schafstall neben der Kirche, an gleicher Stelle ein Bauernhof umgebaut und 1903 eingeweiht. 1970 bereits mussten die Schüler jedoch an die Schulen nach Ebern wechseln, so dass nicht nur in Albersdorf, sondern auch in allen Nachbargemeinden die Schulhäuser ihren

Idyllisch gelegen: Die Bramberger Mühle zwischen Albersdorf und Bramberg.

Mühlen an rauschenden Bächen ...

... gab es im Eberner Land seit vielen Jahrhunderten. Bis zum Jahr 1470 sind bereits Mühlen in Bramberg, Eichelberg, Fischbach, Frickendorf, Gemünd, Oberpreppach (Wüstung bei Unterpreppach; heute Pöppelsmühle), Ebern (Stadtmühle) und die Hetschingsmühle (südlich von Ebern) belegt. Heute kennen wir weiterhin die Albersdorfer und die Ruppacher Mühle sowie die Papiermühle zwischen Ebern und Eyrichshof. Allesamt liegen sie an der Baunach selbst oder an ihren Zuflüssen, wie dem Eichelbach, der Preppach, dem Albersdorfer Mühlbach, dem Eberner Mühlbach und dem Fischbach. Die Mühlen wurden zumeist zum Mahlen von Getreide verwendet, aber es bestanden auch Mühlen zum reinen Schleifen und Walken *(Stoff verdichten; filzen)*, wie eine Walkmühle unmittelbar neben der Stadtmühle Mitte des 15. Jahrhunderts. In der Papiermühle wurde Papier hergestellt, in der Stadtmühle in den späteren Jahren neben dem lange betriebenen Getreidemahlen auch Holz gesägt. Heute kommen nur noch die Schneidmühlen ihrer ursprünglichen Nutzung nach. Als nostalgische, geschichtsträchtige und oftmals äußerst idyllisch gelegene Gebäude vermitteln sie aber noch heute etwas von ihrer einstmaligen Bedeutung für die Menschen und das tägliche Brot, das ihnen damit gesichert wurde. Mühlen waren zentrale Anlaufpunkte, sie dienten zum Austausch von Neuigkeiten und machten ihre Besitzer, die Müller, zu meist angesehenen Leuten.

eigentlichen Zweck nicht mehr erfüllen konnten. Neben der Freiwilligen Feuerwehr gibt es in Albersdorf einen Bürgerverein. Jeden 2. Sonntag im August findet das vom Bürgerverein organisierte Dorffest an der Alten Schule statt. Am westlichen Ortsende befindet sich ein Kinderspielplatz mit Rastmöglichkeit. Durch Albersdorf führt, von Bramberg kommend, der „Burgenkundliche Lehrpfad" *(Markierung: gelbe Ruine)* im Talgrund des Albersdorfer Mühlbaches entlang Richtung dem östlich gelegenen Neuses am Raueneck. Vor dem Ort allerdings wendet sich der Lehrpfad rechts der Ruine Raueneck zu. Motorisiert erreicht man Neuses über die Ortsverbindungsstraße.

Neuses am Raueneck

Der Name Raueneck, der ja bereits zuvor schon öfters erwähnt wurde, kann tatsächlich mit „Zur rauen Ecke" erklärt werden. Dies deutet auf die Westseite des Hau-

Südlicher Ortseingang von Neuses am Raueneck.

beberges hin, an dem die Burg Raueneck lag. Die Westseite ist die Wetterseite und damit das raue Eck des Berges. Der 87 Einwohner große Ort Neuses am Raueneck liegt somit auch an einem Fuße des Haubeberges. Die 1717 erbaute, anmutige barocke, katholische Filialkirche Mariä Heimsuchung fällt durch ihre rötliche und weiße Außenfarbe auf und ist wahrlich ein kleines Schmuckstück inmitten des Ortes. Neben dem Altar als Beispiel ländlicher Volkskunst zieren eine Reihe wertvoller spätgotischer Figuren *(um 1500)* die Kirche. Diese wurde im Rahmen des Wiederaufbaues des Ortes nach dem Dreißigjährigen

Der Name Neuses stammt von der Bezeichnung „Der neue Sitz" und ist ein weit verbreiteter Ortsname. Neuses wird ebenfalls in der Pfarreiteilungsurkunde von 1232 urkundlich erwähnt.

Krieg errichtet, unter anderem, so berichtet Hauptlehrer Willy Bergmann 1975, aus dem Erlös vom Verkauf des so genannten „Bischofsholzes" im Steinert-Forst an die Bauern von Brünn.

Die beiden Ortsvereine gestalten durch die Organisation alljährlicher Veranstaltungen in Neuses das Dorfleben. Auch eine Sage hat sich in Neuses erhalten. Nach dieser Sage um eine Nixe, die auf der Burg Raueneck gelebt haben soll, wurde der Ortsbrunnen durch die Bildhauerin Steff Bauer aus Sandstein gehauen. Im August 2007 konnte der neue Brunnen neben der Kirche eingeweiht werden.

Sagengestalt von Raueneck: „In der Felsenquelle, die auf der Westseite der Burg liegt und als Brunnen diente, lebte vor Zeiten eine friedliche Wassernixe, die der Familie von Raueneck sehr gewogen war und vor allem deren Kinder in besonderen Schutz nahm. Einst hatte die Frau

eines Ritters von Raueneck nach langem Hoffen auf Nachkommenschaft ihren ersten Sohn geboren. Die gute Nixe kam jede Nacht in die Wochenstube, herzte und pflegte das Kindlein und gewann es außerordentlich lieb. Oft brachte sie ihm die schönsten Geschenke an Perlen, Gold und Silber, sodass der Knabe, als er Mann wurde, für den reichsten Ritter der Gegend galt.
Sie warnte ihn aber stets vor Geiz und Härte und ermahnte ihn, mit seinen Schätzen die Armen zu unterstützen. Doch

Der Ortsbrunnen mit Nixe in Neuses am Raueneck.

der Ritter wurde ein hartherziger Geizhals und baute in der Burg einen festen Turm, wo er alle seine Schätze einschloss. Die Armen vertrieb er mit Gewalt, und seine Untertanen behandelte er mit Härte und Grausamkeit. Die gute Nixe hörte oft die Klagen der Armen, hielt sie aber für unwahr oder doch übertrieben, da sie immer noch mütterliche Zärtlichkeit für den jungen Ritter empfand. Endlich wollte sie ihn selbst prüfen. Sie erschien als Bettlerin verkleidet am Burgtor und bat um ein Almosen. Der Ritter, wütend über eine neue Bettlerin, ließ seine Hunde auf sie hetzen. Darob erzürnte die Fee und rief Gottes Strafgericht über den Frevler. – Mit furchtbarem Getöse öffnete sich die Erde und verschlang den neu erbauten Turm mit all seinen Schätzen."

Der Glaube an diese hat sich aber so vergrößert, dass man sogar von einem Wagen aus gediegenem Silber sprach, der dort vergraben liege. Bis in die neueste Zeit haben die Schatzgräbereien fortgedauert. Noch vor einigen Jahren wurde ein an der Westseite stehender Turm in einer Nacht so tief untergraben, dass ein Teil desselben einstürzte. (Aus: Julius von Rotenhan „Geschichte der Familie Rotenhan, ältere Linie", Würzburg 1865, erschienen im Heft „Geschichten und Sagen des Eberner Raumes" Bergmann-Wabra 1965)

Von Neuses am Raueneck machen wir uns auf den Weg nach Brünn, das über eine Landstraße nach zwei Kilometern zu erreichen ist.

Brünn

„Zum Brunnen" war einstmals die Bedeutung des Ortes Brünn, denn hier gab es eine Quelle mit klarem Wasser, an deren Stelle die Siedlung entstand. Eine ganze Reihe solcher Orte ist in den Haßbergen vorhanden: Neubrunn, Breitbrunn, Reutersbrunn, Edelbrunn, Kottenbrunn und Weißenbrunn. Mit Sicherheit wurde unser Brünn erstmals 1231 in einer Urkunde erwähnt.

Viele der älteren Bauernhäuser im 111 Einwohner zählenden Brünn sind aus feinkörnigem Sandstein errichtet, einer Art, die nach einer gewissen Zeit eine graubraune

Das Gemeindehaus von Brünn.

Färbung annimmt. Weit über den Ort hinaus bekannt ist das traditionelle Brünner Hausbrauerfest, das seit 1989 im Juni gefeiert wird. Das in Eigenleistung mühevoll sanierte alte Brauhaus in der Ortsmitte ist fast 300 Jahre alt. Viele Brünner Familien nutzen noch heute ihr Braurecht, und so wird regelmäßig jedes Jahr in Brünn gemeinsam Bier gebraut, wie auch andere anstehende Dorfverschönerungsmaßnahmen gemeinsam angegangen werden.

Im ehemaligen Ganerbendorf steht zwar kein Kirchlein, jedoch ein Gemeindehaus, das 1847 erbaut wurde. Der Brünner Hauptlehrer Willy Bergmann war ein Sammler der örtlichen und regionalen Geschichte sowie der Erzählungen und Sagen. So wusste er auch von seinem Wirkungsort Brünn selbst zu berichten, dass die Bauern samstags keinen Dünger auf die Felder fahren. Grund sei ein Versprechen, das sie vor langer Zeit gegeben hätten; bei Nichteinhalten fürchteten sie Unglück im Stall. Dieses Verbot sei sogar in der Gemeindeordnung festgelegt worden, und 1773 musste Hans Jörg Weiß von Frickendorf eine Strafe an die Gemeinde Brünn zahlen, weil er auf die Amtmannsäcker an einem Samstag Mist fahren ließ. Durch Brünn führt der Friedrich-Rückert-Wanderweg, der aus Norden von Leuzendorf kommt und nach Süden über die Ruine Raueneck weiterführt.

Wer schrieb die Geschichte auf, in Dorf und Stadt? Befasst man sich mit der Geschichte eines Ortes, so fragt man sich bald, wie die Menschen über die Jahrhunderte die Informationen bewahrt haben und wie sie bis heute weitergegeben worden sind. Zwar helfen uns

Brünn von Osten aufgenommen.

urkundliche Belege, wissenschaftliche Auswertungen von Bodenfunden und die Entschlüsselung von sprachlichen Eigenarten, wie den Ortsnamen. Dies sind in der Tat wichtige, unerlässliche Zeugnisse bei der Geschichtsaufarbeitung einer Gegend. Schließlich tauchen aber auch immer wieder Namen von Menschen auf, die Geschichte frühzeitig bewahrt und notiert haben. In unserer Gegend waren dies zumeist Lehrer und Pfarrer, aber auch Stadtschreiber, Ärzte und Historiker. Ihnen ist zu verdanken, dass Sagen, Geschichten, Jahreszahlen, Daten, Bilder und Funde gesammelt und verwahrt wurden. Für Jesserndorf und seine

Umgebung beispielsweise notierte Pfarrer Franz Wilhelm Korb eine eingehende Pfarrbeschreibung (1775 bis 1788), Lehrer Karl Krimm nahm sich ebenfalls in Jesserndorf einer nicht minder umfangreichen Chronik mit Gegenwartsbericht während seiner Lehrerzeit an (1952). In Brünn war im 20. Jahrhundert Hauptlehrer Willy Bergmann geschichtsarbeitend tätig, in Ebern seinerzeit Oberlehrer Karl Hoch und Schulrat Heinrich Hoffmann. Archivbeamter Georg Ludwig Lehnes nahm sich als Erster der Geschichte des Baunachgrundes im Jahr 1842 an. Eberns bekannter Stadtschreiber und Lehrer Johann Georg Greb (1862 bis 1872) schrieb in seiner umfassenden „Greb'schen Chronik" nieder, was er bis dahin über Ebern wusste. Physikatsberichte, d. h. Berichte der Amtsärzte aus dem Landgericht Ebern, vermitteln uns ein Bild des Lebens der Menschen im 19. Jahrhundert. Interessante Einblicke erhält man auch in den Publikationen der Familie von Rotenhan, die die eng mit der Gegend verwobene Familienhistorie niederschrieb. In den Archiven der Adelsfamilien, in den Pfarrarchiven, Diözesanarchiven, Staatsarchiven und nicht zuletzt in dem mühevoll von Kreisarchivpflegerin Marianne Keh gepflegten Eberner Stadtarchiv haben sich Zeugnisse unserer Geschichte gesammelt. Von Ebern gibt es auch eine recht aktuell wissenschaftlich erarbeitete Chronik namens „Ebern - Bild einer fränkischen Kleinstadt" von Dr. Isolde Maierhöfer, die zum 750. Stadtjubiläum 1980 veröffentlicht wurde. Heute leisten Kreisheimatpfleger wie Günter Lipp, ebenfalls ein ehemaliger Lehrer, wertvolle Arbeit für die Heimatforschung und -bewahrung in unserem Raum und streuen das Bewusstsein um unsere traditionsreiche Heimat und interessante Entdeckungen, die mit ihr zusammenhängen, in die Bevölkerung.

Von Brünn geht es ins benachbarte Frickendorf, das wir über den südöstlich gelegenen Ortsausgang erreichen. Schon im 18. Jahrhundert schloss sich Brünn mit Frickendorf zu einer dörflichen Wirtschaftsgemeinde zusammen, 1972 wurden sie gemeinsam in die Stadt Ebern eingegliedert.

Frickendorf, seine Brücke muss man gesehen haben

1231 als Vrichendorf erwähnt, trägt es in der Pfarreienteilungsurkunde 1232 den Namen „Frickendorf". Der Name soll vom Personennamen Friko bzw. Fricko kommen.

Die barocke Frickendorfer Brücke.

Beim ersten Blick auf das Dorf, wie wir es von Westen her erreichen, fällt sofort das Sägewerk auf, dessen Holz links und rechts der Straße gestapelt ist. Im Ortsinneren besticht das Ensemble der dem Heiligen Wendelin geweihten Kapelle *(1928/29)*, des Spielplatzes, des Gemeindehauses und des Dorfplatzes mit Linde und Sitzbank. Bald schon richtet sich der Blick auf die aufwändig ausgestaltete, dreibogige Steinbrücke, die die Baunach überspannt. Eine der schönsten ihrer Art in der weiten Umgebung, schwärmen sämtliche Reise- und Kulturführer. Erbaut 1757 und geschmückt mit vier spätbarocken, lebensgroßen Figuren aus Rhätsandstein, bezeugt sie, dass diese Straße früher ein wichtiger Verkehrsweg durch den Baunachgrund war. Dem beherzten Eingreifen von zwei Frickendorfern und der Aussichtslosigkeit der Lage ist es

Linde am Dorfplatz.

zu verdanken gewesen, dass die Brücke nicht, wie viele andere in der Umgebung, Ende des Zweiten Weltkrieges, zur Behinderung der einrückenden amerikanischen Truppen gesprengt worden ist. Oberhalb des 133 Einwohner großen Dorfes ist in exponierter Lage der 2006 eingeweihte Frickendorfer Friedhof angelegt; eine Gemein-

175

Das Oldtimertreffen in Frickendorf alljährlich am 1. Mai.

schaftsarbeit der Bürger mit Unterstützung der Kirchengemeinden und der Stadt. Frickendorf ist aber auch in anderer Hinsicht heute weit bekannt. Alljährlich am 1. Mai werden Tausende Besucher vom Oldtimertreffen angezogen, das durch die Motorradfreunde Frickendorf organisiert wird. Hunderte alter Traktoren, nostalgischer Vorkriegsmotorräder und ehrwürdiger Karossen sind jedes Jahr am nördlichen Ortsausgang rund um die historische Baunachbrücke ausgestellt und lassen ein ganz anderes Stück Vergangenheit lebendig werden.

Reise in die Erdgeschichte:
Reiches Sandsteinvorkommen und vulkanische
Aktivität im Haßbergland

Die barocke Frickendorfer Brücke ist aus dem in der Gegend abgebauten Sandstein geschaffen worden, ebenso die umliegenden Schlösser sowie die Kirchen von Vierzehnheiligen und Kloster Banz. Sogar beim Bau des Berliner Reichstages wurden Steine aus einem der letzten, gut erhaltenen Steinbrüche nahe dem rund zehn Kilometer entfernten Burgpreppach verwendet. Die Evolution bescherte unserer Gegend ein reiches Sandsteinvorkommen. So hat der Haubeberg, auf dem die Ruine Raueneck steht, eine Kappe aus Rhätsandstein. Einzigartig ist die, teilweise komplett in den Keupersandsteinfelsen gehauene, einstige Felsburg Rotenhan, oberhalb des Stadtteiles Eyrichshof. Zur Wende vom 19. zum 20. Jahrhundert waren in der Natursteinindustrie des heutigen Landkreises Haßberge

176

Am Zeilberg bei Maroldsweisach, 15 Kilometer nördlich von Ebern, bietet der rund 3,7 Kilometer lange Stein-Erlebnispfad interessante Informationen für Jung und Alt. Der Rundweg führt in neun Stationen um den eindrucksvollen und großflächigen Steinbruch, der sich schon weit in den Berg gegraben hat und in vollem Betrieb ist.

rund 2.500 Arbeitskräfte beschäftigt, sodass diese bis zum Zweiten Weltkrieg der wichtigste Industriezweig der Region gewesen ist. Danach wurde der schöne Naturstein vielfach als Baustoff durch Beton abgelöst.

Vulkanische Aktivität hingegen ist uns vom Bramberg bekannt. Die aufgrund dessen existierenden Basaltablagerungen sind rund 16 Millionen Jahre alt. Neben den beiden Gleichbergen und dem Zeilberg ist der Bramberg der drittgrößte der ehemaligen Vulkane. Eine Schautafel am einstmaligen, heute verwachsenen Basaltsteinbruch unterhalb des Bramberger Berggipfels gibt Aufschluss über die geologischen Gegebenheiten vor Ort.

Die Bächlein – dies sei an dieser Stelle erwähnt –, die im Eberner Land rechts und links des Baunachtales in den

Albersdorfer Mühlbach durch Neuses am Raueneck. Der friedliche Bach wurde den Bewohnern in den letzten Jahrzehnten zum Hochwasserproblem.

Wäldern entspringen, fließen allesamt der Baunach zu.

Die Baunach, die im Norden in der Nähe von Bad Königshofen zutage tritt, fließt wiederum südwärts dem Main zu und mündet in diesen bei der „Drei-Flüsse-Stadt" Baunach *(802 Bunaha)*. Der mit seinen Zuflüssen im Fichtelgebirge und im Frankenwald entspringende Main fließt westwärts Richtung Würzburg dem Rhein zu.

Doch zurück ins Baunachtal. Wählt man, statt der Fahrt über die steinerne Frickendorfer Brücke, die andere Ortsausfahrt, und folgt der Baunach in ihrem Verlauf, so kommt man in eine der kleinsten Ortschaften des Eberner Stadtgebietes: Höchstädten.

Höchstädten, verborgene Geschichte im Baunachgrund

Passend zu seinem Namen liegt Höchstädten (ursprgl. „Bei den hochgelegenen Wohnplätzen") auf einer Anhöhe über dem Baunachgrund. Im Jahr 1994 wurde die 750-Jahr-Feier des Ortes festlich begangen: Höchstädten soll 1244, in einer Rauenecker Schenkungsurkunde, erstmals erwähnt worden sein.

Ortsmitte von Höchstädten mit dem Kastanienbaum als Dorfsymbol.

Dass die Gegend um den Ort schon seit etwa 900 n. Chr. von Menschen als Lebensraum genutzt wurde, bestätigte ein Gräberfund im Jahr 1953: Knochen, Schädel, Eisenmesser und zwei silberne Schläfenringe als Zeichen slawischer Kultur konnten aus dem Wiesengrund unterhalb des Dorfes geborgen werden. Der heutige Ort hat sich seinen ländlichen Charakter bewahrt. Die großen Scheuen und Ställe, die stattlichen bäuerlichen Anwesen und das rege bewirtschaftete Feldermeer um die kleine Ortschaft zeugen davon. Ihre Dorfgemeinschaft erhalten sich die 57 Einwohner durch das gemeinsam gepflegte Vereinsleben. Eng verbunden ist Höchstädten mit dem Nachbarort Fischbach. Dorthin geht die Tour auch weiter, über einen ehemaligen Flurbereinigungsweg die Baunach hinüber, zwischen Äckern hindurch.

Zwei Landwirte auf den Feldern bei Ruppach.

Landwirtschaft im Eberner Land

Rund um Ebern gedeihen Getreide, Raps, Mais und Klee auf den Feldern. In den Ställen zahlreicher Landwirte stehen Milchvieh, Zuchtbullen und Schweine. Hühner und Gänse leben auf den Höfen. In den Nutzgärten wächst Gemüse verschiedener Art. Christbaumkulturen, Obstplantagen und Blumenfelder ergänzen die abwechslungsreiche Kulturlandschaft. Die Landwirtschaft spielte im Eberner Land, wie in weiten Teilen Frankens, lange Zeit eine übergeordnete Rolle. Nicht nur in den Dörfern, sondern auch in der Stadt selbst prägte die bäuerliche Arbeit das alltägliche Bild. Heute sind es immer weniger Landwirte, die ihren Beruf voll ausüben können. Als Nebenerwerb oder manchmal auch eher als Hobby betreiben viele heutzutage die mühevolle Arbeit auf den Feldern und mit dem Vieh. Landwirt zu sein, ist meist mehr als ein bloßer Beruf: Es ist ein Rund-um-die-Uhr-Job, der Entbehrungen mit sich bringt und der einen harte körperliche Arbeit nicht scheuen lassen sollte. Den meisten Bäuerinnen und Bauern gibt er dennoch etwas zurück, das so mancher Städter sich wünschen würde: der tägliche Kontakt zur Natur, das Leben außerhalb von Büros und Geschäftshäusern, der direkte Umgang mit dem, was der Mensch zum Leben braucht und das Wissen um Traditionen und Bräuche, die gerade im bäuerlichen Bereich noch verankert sind.

Fischbach

Fischbach gilt als einer der ältesten Orte der Umgebung. *Gewässer waren einstmals Leitlinien der Besiedelung, daher ist anzunehmen, dass auch in unserem Gebiet im Tal die ältesten Orte liegen. Der Ortsname bezieht sich entweder auf einen Zufluss der Baunach oder auf die Nähe zur fischreichen Baunach direkt. Auch Fischbach ist in der Pfarreienteilungsurkunde von 1232 genannt worden.*

Orsteingang Fischbach.

Ein Rotenhan'sches Schloss ziert auch in Fischbach das Ortsbild. Das Schloss, das auch heute noch im Besitz der Familie von Rotenhan ist, ist im Kapitel Burgen und Schlösser auf Seite 96 separat beschrieben. Wie auch in Eyrichshof liegt dem Schloss Fischbach im Schlosshof eine äußerst stattliche evangelische Schlosskirche gegenüber *(1756 bis 1761 im Rokokostil erbaut)*. Sie birgt in ihrem Inneren eine schöne Kombination von Kanzel, Altar und Orgel. 1967 wurde der evangelische Pfarramtssitz von Eyrichshof

Fischbacher Brunnenhäuschen.

nach Fischbach gelegt, und die gemeinsame Kirchengemeinde von da ab von Fischbach aus betreut. Ein weiterer Blickfang im Ort ist der neben dem Fischbach errichtete, überdachte Brunnen aus dem Jahr 2001. Das Schulhaus in Fischbach, etwas oberhalb des 171 Einwohner großen Ortes gelegen, wurde 1952 erbaut. Das Haus, das als Schule schon seit drei Jahrzehnten nicht mehr seinen Zweck erfüllen kann, wird vom Bürgerverein betreut. Hier finden, neben anderen Veranstaltungen, auch alljährlich zum Jahresbeginn die Theateraufführungen der Fischbacher Theatergruppe statt. Ein Tochterwerk der Firma FTE automotive, die ihren Sitz in Ebern hat, wurde 1997 am Rande von Fischbach und direkt an der B 279 errichtet. Fischbach lag sehr lange Zeit an der Verkehrsader, die von

Nord nach Süd durch das Baunachtal führte. Dies wurde zum Nachteil, als die Dorfstraße als Bundesstraße deklariert immer mehr Verkehr durch den Ort brachte. Seit 1972 führt die B 279 an Fischbach vorbei. Geblieben ist der Straßenname „Alte Bundesstraße".

Das Fischbacher Werk der Firma FTE automotive, die ihren Sitz in Ebern hat.

Auf gleicher Strecke verlief der Eisenbahnverkehr im Baunachtal. So war auch Fischbach eine Station des „Maro-Expresses", des Zuges, der von Bamberg kommend über Breitengüßbach, Baunach und Ebern zur Endstation Maroldsweisach fuhr. Die Zeit, in der alte Dampflokomotiven als königlich bayerische Lokalbahnen durch den Baunachgrund schnauften, ist lange vorbei. Doch auch so manch anderes hat sich auf der Teilstrecke zwischen Ebern und Maroldsweisach geändert. Wo einstmals der rege Zugverkehr des „Maro-Express" herrschte, sind heute auf gut ausgebauten Wegen

Zwei Radler machen Rast am Radweg bei Fischbach.

Radfahrer unterwegs. 2004 wurde auf Teilen der endgültig stillgelegten und rückgebauten Trasse zwischen Ebern und Maroldsweisach ein Radweg erbaut, der als Fernradweg ausgewiesen ist.

Am Verlauf der alten Bahntrasse bzw. des heutigen Radweges entlang geht die Straße südlich Richtung Eyrichshof bzw. Ebern. Doch kurz vor den ersten Wohnhäusern von Eyrichshof/Specke biegen wir links ab, den Hang hinauf, nach Siegelfeld.

Eisenbahners Freude: Der „Maro-Express"

Von den Bewohnern liebevoll „Maro-Express" genannt wurde die Eisenbahn, die ein Jahrhundert lang von Bamberg kommend über Ebern zum Endbahnhof Maroldsweisach fuhr und sich dabei im bisweilen kurvenreichen Verlauf gemütlich durch Felder, Wälder und Wiesen schlängelte. Sie transportierte die Bewohner des Baunachtales in die weite Welt hinaus, brachte Gäste in heimatliche Gefilde und beförderte Güter, darunter hauptsächlich Schotter aus den Basaltbrüchen bei Maroldsweisach, sowie in früheren Jahren auch Vieh, Getreide und Holz. 1996 konnte die Bahnstrecke Ebern-Maroldsweisach ihr 100-jähriges Bestehen feiern, denn am 26. Oktober 1896 hatte der erste Personenzug des „Maro-Express" die Endstation Maroldsweisach erreicht. Doch schon seit dem Jahr 1988 besteht kein Personenverkehr mehr zwischen den beiden Kommunen, 1997 musste auch der Güterverkehr aus sicherheitstechnischen Gründen eingestellt werden. Heute ist selbst das alte Bahnhofsgebäude in Ebern verwaist, da die Gleise rückgebaut wurden und nahe der Stadtmauer an neuer Stelle ein Haltepunkt als Endstation zwischen Bamberg und Ebern dient. Eine Nebenbahn wie der „Maro-Express" war jedoch mehr als eine bloße technische Institution, wie der Verein der Bamberger Eisenbahnfreunde in seinem Heft zum 90-jährigen Bestehen der Bahn feststellte. Der „Maro-Express" war Teil einer Epoche. Für viele Menschen war die Bahn die erste Verbindung zur Außenwelt eines früher geschlossenen Raumes; sie brachte Arbeit und Brot ins Tal, steigerte die Lebensqualität. Sie war Bestandteil des öffentlichen Lebens und über viele Generationen im Bewusstsein der Menschen verankert.

Siegelfeld: Inmitten Grün gelegen

Das 49 Einwohner große Siegelfeld ist vom Talgrund hinter dem hügeligen Gelände kaum auszumachen. Die frühe Geschichte des Ortes liegt teilweise im Dunkeln. Zwar ist

Blick auf Siegelfeld.

der Ort im Jahr 1435 als Sigelfeldt urkundlich erwähnt, doch berichten Quellen – zu nennen Freiherr Julius von Rotenhan in seiner Familienchronik – dass hier zuvor bereits ein Ort namens Krottenbach *(1232 Krozenbach)* gestanden habe, der zerstört wurde. Nach dem Wiederaufbau könnte er alsdann Siegelfeld genannt worden sein. Dies wäre erklärbar mit der Sichelfron, die die Einwohner an die Familie von Rotenhan zu leisten hatten. Andere Überlieferungen sprechen wiederum dafür, dass das wüste Krottenbach einst zwischen Sandhof *(westlich vor Ebern)* und Unterpreppach lag. Die Siegelfelder Bürgerinnen und Bürger sind, heute wie in der Vergangenheit, vor allem nach Eyrichshof orientiert und in der Dorfgemeinschaft verwachsen, wie auch die politische Gemeinde gemeinsam über viele Jahrzehnte bestand. So engagieren sich die Siegelfelder in den Eyrichshofer Vereinen und das alljährliche Sonnwendfeuer, durch den Feuerwehrverein Eyrichshof organisiert, findet in Siegelfeld statt.

Wir nehmen den gleichen Weg, den wir nach Siegelfeld gekommen sind, und fahren Richtung Eyrichshof ins Tal zurück. Von der Kreuzung, an der wir nach Siegelfeld zuvor abgebogen sind, haben wir einen guten Blick auf die andere Talseite. Dort steht, hinter Bäumen und Buschwerk verborgen, der Sachsenhof. Ein Gehöft, das zu Zeiten Karl des Großen ein Meierhof gewesen sein soll.

Die Specke

Der nördliche Ortseingang von Eyrichshof führt uns zunächst einmal durch die Specke – eine Ansiedlung von Häusern, die einst Friedrich Rückert bekannt gemacht hatte. Rückert war in die für ihn allerdings unerreichbare Tochter des Gastwirts Geuss vom Wirtshaus „Zur Specke"

Geschichten und Sagen des Eberner Raumes

Ritter, Schurken, Nixen, Bettler, Fuhrmänner, Edelfräulein und spukende Schlossgespenster – wer eine ausgeprägte Fantasie hat, der könnte sie schon beim reinen Anblick verwitternder Ruinen, düsterer Höhlen und verwunschener Schlossanlagen zwischen den alten Gemäuern erahnen. Sagen sind Geschichten über mysteriöse Geschehnisse. Oftmals handeln sie auch von historischen Ereignissen, die tief im Bewusstsein der Menschen verankert sind. Sagen spielen sich an tatsächlichen Örtlichkeiten ab. Das Eberner Land ist reich an einem wahren Sagenschatz, aus dem nahezu jedes Dörflein, aber auch die Stadt selbst, schöpfen kann. Mitte der sechziger Jahre trugen zwei Heimatfreunde diesen Schatz für eine Heimatkundliche Schriftenreihe zusammen, um ihn der Öffentlichkeit zugänglich zu machen. Ganze 67 „Geschichten und Sagen des Eberner Raumes" haben Willy Bergmann und Josef Wabra präsentiert; darunter zu nahezu jedem heutigen Eberner Stadtteil und auch zahlreichen Wüstungen, von denen heute nichts mehr zu sehen ist. Der Barthel von Eyrichshof, der Herrenbirkenpöppel bei Unterpreppach, das graue Männlein in Fierst, der Junker von Raueneck, der Albersdorfer Geist mit der grünen Joppe und der Schäfer von Vorbach sind Sagengestalten, die in der Eberner Gegend verwurzelt sind. Untergegangene Orte wie Schloss Gutenfels, Abermannsdorf oder Hasenzelten bleiben durch die Erzählung lebendig. Einige Geschichten konnten auch in diesem Buch erzählt werden.

verliebt, der er den Gedichtkranz „Amaryllis, ein Sommer auf dem Lande" widmete *(Auszug aus dem Gedicht und Informationen zu Friedrich Rückert siehe Kapitel „Prominente Eberner").*

Die bereits 1579 erwähnte Specke erhielt ihren Namen von einem Knüppeldamm, mittelhochdeutsch specke genannt, der einst als künstlicher Übergang in der Talaue der Baunach angelegt worden war.

Die Baunach, die an der Specke vorbeifließt, war im letzten Jahrhundert noch ein beliebter und gut besuchter Badeplatz. Weiter geht es zwischen hohen Alleebäumen hindurch. Während links nach einer Wiese Hallen und alte Firmengebäude (der früheren Molkerei und späteren Süßwarenfabrik Heinerle) zu sehen sind, bauen sich rechts alsbald die ersten Gemäuer des Schlosses Eyrichshof auf.

Eyrichshof: Schloss und Ruine machen es bekannt

Weit bekannt ist Eyrichshof vor allem durch die bemerkenswerte Schlossanlage, die von der Adelsfamilie von Rotenhan nach der Zerstörung ihrer Stammburg, der heutigen Ruine Rotenhan oberhalb des Ortes, erbaut wurde und seitdem in ihrem Privatbesitz ist. Vier ausführliche Seiten sind dem Schloss und der Ruine im Kapitel „Burgen und Schlösser" gewidmet. 1686 wurde die evangelische barocke Schlosskirche im Schlosshof erbaut. Aus früheren, noch katholischen Zeiten, ist sie dem Heiligen Bartholomäus geweiht, um den sich als „Barthel von Eyrichshof" eine ganze Reihe von Sagen rankt. Seit 2006 erklingt in der Kirche eine neue Orgel, die fünfte in ihrer Geschichte. Vom Schloss wenden wir uns der Siedlung oberhalb der ehema-

1232 wird Eyrichshof als „Iringsdorf" oder „Iringerstorff", vermutlich ein Wirtschaftshof der heutigen Burgruine Rotenhan, erstmals urkundlich erwähnt. Namensgeber dürfte der Personenname Iring bzw. Eyring gewesen sein, der in der Rotenhan-Linie heute noch vorhanden ist.

Siedlung Rotenhan in Eyrichshof.

ligen Bahntrasse, dem heutigen Radweg, zu. Der Wohnraum nach dem Zweiten Weltkrieg war auch in der Eberner Gegend knapp. Da war es willkommen, dass in Eyrichshof oberhalb des Ortes Platz für eine Siedlung ausgewiesen wurde. Zwei Bauernhöfe und das Kellerhaus waren schon da. Die 15 „Häuslebauer" der ersten Stunde taten sich zunächst zu einer Wassergemeinschaft, dann zu einer Siedlergemeinschaft *(Mitglied beim Bayerischen Siedlerbund)* zusammen, und bauten am sonnigen Hang ein gutes

Der Baugrund für die ersten Häuser wurde der Familie von Rotenhan abgekauft. Die Siedlung trägt aufgrund des Flurnamens ebenfalls den Namen „Rotenhan".

Dutzend Siedlungshäuser, mit Garten, Schuppen und Gemüsebeeten. In den folgenden Jahrzehnten wurde die Siedlung rund um den Friedhof mit Kapelle um neue Wohnhäuser erweitert und hat indessen, neben dem neu gebauten Eyrichshofer Feuerwehrhaus am Bergfuß, rund dreimal so viele Häuser wie zu Beginn der fünfziger Jahre. Heute trägt die Siedlergemeinschaft zur Dorfverschönerung und gemeinsam mit den anderen Eyrichshofer Vereinen aktiv zum Gemeinschaftsleben des 250 Einwohner großen Ortes bei.

Seit 2005 bereichert das Garnisonsmuseum in den Räumlichkeiten der Alten Schule die Siedlung Rotenhan. Mehr als 40 Jahre Bundeswehrgeschichte über den 2004 aufgelösten Standort Ebern sind in den Traditionsräumen der Kameradschaften des Panzeraufklärungsbataillons 12 und des Panzergrenadierbataillons 101/103 enthalten. Interessierte sind willkommen und können sich bei den

Museumsbetreuern melden *(Kontaktdaten im Kapitel A-Z unter „Museen")*. Zwei große Veranstaltungen, die Tausende Besucher nach Eyrichshof ziehen, werden jeweils im Schloss ausgerichtet: das alljährliche Oldtimertreffen an Fronleichnam, organisiert durch den Automobilclub Ebern, und das Gartenfest im späten Frühjahr, veranstaltet durch den Schlossherrn von Rotenhan selbst. Letzteres ist

„Es wird Wagen geben, die von keinem Tier gezogen werden und mit unglaublicher Gewalt daherfahren." (Leonardo da Vinci, 1452-1519).

ein Gartenmarkt mit mehr als 100 Ausstellern, die schöne Dinge rund um Haus und Garten, Mode, Kunst, Schmuck und vieles mehr anbieten. Dazu ein vielfältiges Programm mit Live-Bands, Fahrten mit der Pferdekutsche durch den Park und Führungen durchs Schloss. Rastplätze befinden sich im Ort am Feuerwehrhaus (direkt am Radweg gelegen) sowie an der Ruine Rotenhan. In Eyrichshof, und an der oberhalb im Wald gelegenen Ruine Rotenhan, kreuzen sich viele Wanderwege: Neben dem Burgenkundlichen Lehrpfad und dem Burgen- und Schlösserwanderweg treffen hier der Friedrich-Rückert-Wanderweg und die örtliche Markierung Specht aufeinander.

Der Straßenverlauf in die nächste Ortschaft Kurzewind ist wie der Weg für den Wanderer der steilste im gesamten Stadtgebiet. Er beginnt in Eyrichshof an der lang gezogenen Kurzewinder Straße. Auf linker Seite sehen wir nach dem Feuerwehrhaus und einem landwirtschaftlichen Anwesen eine ehemalige Rotenhan'sche Schafscheune aus Bruchstein gebaut aus dem 18. Jahrhundert. Der Weg führt durch den Wald an der Ruine Rotenhan vorbei, bis auf die Anhöhe hinauf. Wenige hundert Meter entfernt liegt der Ort Kurzewind.

Kurzewind, in „luftiger" Höhe gelegen

Das 32 Einwohner große Dorf Kurzewind liegt auf dem östlichen Haßbergkamm und bietet eine gute Aussicht ins benachbarte Tal der Itz. Kurzewind ist ein bäuerlich geprägter Ort, in dem noch Vollerwerbslandwirte ihren Beruf ausüben. Da es keine eigenen Vereine im Dorf gibt, engagieren sich

Auch der Ortsname des erstmals 1225 urkundlich erwähnten Kurzewind leitet sich wie bereits Bischwind von den ehemals ansässigen Slawen (Wenden) ab. Werner Schmiedel deutet in seinem „Historischen Ortsnamenbuch von Bayern, Unterfranken, Landkreise Ebern und Hofheim" (1973) den Namen vom Personennamen „Kotzo" und widerspricht zugleich der Deutung, dass der Name, wie auch Pfarrer H. W. Teicher aus Lahm im Itzgrund 1898 schreibt, übersetzt „Kleinbauerndorf" bedeutet.

die Kurzewinder einerseits bei der Freiwilligen Feuerwehr in Eyrichshof, wozu sie gemeindlich zählten, andererseits aber auch im nahe gelegenen Gereuth *(Gemeinde Untermerzbach)*. Als es noch konfessionsverschiedene Schulen gab, mussten die evangelischen Schüler aus Kurzewind jahrzehntelang nach Eyrichshof in die Schule gehen, die

Dorfbild von Kurzewind.

katholischen nach Gereuth.

Der weite Blick von Kurzewind in den oberfränkischen Itzgrund lädt geradezu ein, den Nachbarbezirk und seine örtlichen Besonderheiten zu erwähnen. Bis Untermerzbach, das am Fuße des Berges gelegen ist, reicht der Landkreis Haßberge. Der Nachbarort Kaltenbrunn befindet sich bereits im Landkreis Coburg. Landkreisgrenze ist übrigens das Flüsschen Itz. Gleichfalls ist dies auch die Grenze des Regierungsbezirks Unterfranken zu Oberfranken, dem Coburg und Bamberg angehören. Ein Stückchen weiter die Bundesstraße 4 Richtung Süden hinunter, bei Poppendorf, beginnt der Landkreis Bamberg.

Ausblick in den Itzgrund nach Oberfranken

Von der so genannten Panoramastraße, einem Verbindungsweg, der nach der östlichen Ortsausfahrt von Kurzewind links nach Buch abbiegt, hat man einen herrlichen Ausblick ins benachbarte Tal der Itz, die sich ähnlich wie die Baunach durch die Wiesen schlängelt. In der Ferne rechter Hand ist die Wallfahrtskirche Vierzehnheiligen zu sehen, die

unter Balthasar Neumann Mitte des 18. Jahrhunderts erbaut wurde und seit dieser Zeit von Franziskaner-Mönchen betreut wird. Ihr gegenüber das ebenso prächtige und weithin sichtbare, aus Sandstein Ende des 17. Jahrhunderts errichtete

Panoramaweg zwischen Kurzewind und Buch; zu sehen ist Kloster Banz.

Benediktiner-Kloster Banz, bekannter Ort für Seminare der Hanns-Seidel-Stiftung, Konzerte und kulturelle Veranstaltungen. Südöstlich kann man den Staffelberg mit seiner schroff abfallenden Steilkante entdecken. Auf dem Staffelberg stand einst eine keltische Stadt namens Menosgada. Der Dichter Victor von Scheffel rühmte schon 1859 den Staffelberg und das schöne Frankenland im bekannten „Lied der Franken". Im Norden des Itztales liegt die hoch über der Stadt Coburg gelegene Veste Coburg, die man allerdings vom Panoramaweg aus nicht sehen kann.

Etwas länger dauert die Fahrt bis zur letzten Ortschaft der Tour: Fierst. Der kleine Ort liegt ebenfalls auf einer Anhöhe und ist an sich gar nicht so weit von Kurzewind entfernt. Jedoch mit dem Pkw ist er von Kurzewind aus nur über Gereuth, am Schloss Gereuth *(siehe Kapitel „Burgen und Schlösser")* vorbei, zu erreichen. An der nächsten Straßenkreuzung nach Gereuth kann man entweder links abbiegen und einen Abstecher in die Gemeinde Untermerzbach machen oder rechts über den serpentinenartigen Straßenverlauf den oberen Ortseingang von Fierst erreichen.

Gegenüber der Ortseinfahrt von Fierst findet man den Weg zu einem weiteren guten Aussichtspunkt in den Itzgrund: Dieser führt zu den beiden Windkraftanlagen des so genannten „Bretzenstein". Am Berg stand einst der heute wüstgefallene Schafhof Pretzenstein, der 1871 abgebrochen wurde.

Fierst, der kleine Ort kann sich sehen lassen

Wir sind im östlichsten Stadtteil Eberns, welcher nur noch rund zwei Kilometer von der Kernstadt entfernt ist. Das 56 Einwohner große Fierst liegt am Passscheitelpunkt zwischen dem Baunachgrund und dem Itzgrund. Eine einzige lange Straße zieht sich bergabwärts durch das Dorf, dessen Ortsrand sich bereits im Talgrund befindet. Der im Rahmen der Dorferneuerung erst jüngst gestaltete Ort bildet ein gepflegtes Ensemble, in dem gleich zwei sandsteinerne Brunnen plätschern. Das Fierster Sonnwendfeuer ist ein bekannter Anlaufpunkt für die Bewohner und Gäste aus der Umgebung. Die früheren geschichtlichen Unterlagen von Fierst liegen im Archiv von Untermerzbach, denn Fierst gehörte einst zur

1232 als Virsche genannt, später Vierst, ist das heutige Fierst vom Althochdeutschen für Bergrücken, Gebirgskamm, Gipfel (first) abzuleiten. Und tatsächlich befindet sich der Ortsteil ja auf einer Anhöhe, an der die alte Hochstraße der Haßberge verlief.

Dorfstraße von Fierst.

selbständigen Gemeinde Recheldorf im Itzgrund, heute
Ortsteil der Gemeinde Untermerzbach. Bei der Gemein-
degebietsreform ging Fierst hingegen, als eines der letzten
Dörfer, gemeinsam mit dem Hof Lützelebern, 1978 zur
Stadt Ebern. Auch um die Umgebung von Fierst ranken
sich Sagen.

Windrad am „Bretzenstein" oberhalb von Fierst, bei Sonnenuntergang.

Sagenhaftes rund um die Gotteswiese bei Fierst

Östlich von Fierst erhebt sich der 386 Meter hohe Obere
Berg, auch Bretzenstein genannt, auf dem heute zwei
Windräder zur Energiegewinnung ihre Flügel drehen. Auf
diesem Berg soll einstmals die Burg Gutenfels gestanden
haben. 1225 ging der damals schon „wüste" Burgplatz an
das Kloster Banz, wie urkundlich nachverfolgt werden kann.
Laut einer Sage soll Schloss Gutenfels lange Zeit ein wohl-
befestigtes Schloss mit herrlichem Ausblick über die frucht-
baren Felder, dunklen Wälder und saftigen Talwiesen der
Gegend, in der die Itz in vielen Krümmungen dahinrauscht,
gewesen sein. Der Schlossherr, ein um die Wohlfahrt der
Seinigen treusorgender Vater, gab den Bewohnern der ihm
zinspflichtigen Dörfer nie Ursache zum Klagen und darum
war er allgemein beliebt. Allein dessen einziger Sohn
Poppo hatte kein Herz für das Volk und war als verschwen-
derisch bekannt. Nach Rückkehr von den Kreuzzügen soll
Poppo die Burg im Besitze eines von seinem verstorbenen
Vater eingesetzten Schlossverwalters vorgefunden haben.
Der Verwalter verweigerte die Übergabe der Burg und es

kam zum Kampf. Hierbei fanden alle Beteiligten den Tod und das Schloss Gutenfels verfiel. Der Hass der Gegner aber überdauerte den Tod und nachts kann man noch heute den Kriegslärm auf der Gotteswiese hören, wo die Geister der Gefallenen den Kampf weiterführen.

Auf der Gotteswiese, einem Waldbezirk zwischen Fierst und Hemmendorf im Itzgrund, soll sich tatsächlich ein altes Gräberfeld befinden. Im Volksmund erzählt man, hier seien Gefallene aus den Hunnenkriegen bestattet worden. 1904 wurden dort so genannte eiserne Teller, wahrscheinlich Schildbuckel gefunden, deren Herkunft aber unbekannt ist. Eine weitere Sage berichtet von einem Fund auf der Gotteswiese: Um das Jahr 1800 ging der Bauer Heinert von Fierst über die Gotteswiese. Da sah er an einem Haselbusch einen Geldbeutel hängen. Er nahm ihn an sich, eilte schnell heim und wollte sich an seinem Schatz erfreuen. Als er den Beutel zu Hause öffnete, war zu seiner Enttäuschung das Gold verschwunden. Stattdessen hüpfte ein kleines graues Männlein aus dem Beutel und verschwand schnell über die Bodenstiege unters Dach. Dieses Männlein trieb von nun an im ganzen Haus groben Unfug. Es warf die Knechte aus den Betten, schnitt mitten in der Nacht Futter, erschlug Katzen und verübte allerlei verrückte Dinge. Als der Bauer dem Pfarrer von Ebern von diesem närrischen Treiben berichtete, empfahl ihm dieser, eine Stunde lang zu beten, dann werde das graue Männlein verschwinden. So geschah es dann auch. *(Sage „Schloss Gutenfels" aus: A. Schenk, „Der Bezirk Ebern, das Haßbergland an der Baunach und Itz in Bayern" 1924;*

Sage „Der Fund auf der Gotteswiese" aus: Bergmann-Wabra, „Geschichten und Sagen des Eberner Raumes" 1965)

Panoramablick vom Bretzenstein in den Itzgrund.

Die jüngere Heimatgeschichte bringt den Ort Fierst auch in Zusammenhang mit der Aufnahme von Flüchtlingen und Heimatvertriebenen nach dem Zweiten Weltkrieg, was an dieser Stelle genauer erläutert werden soll.

Aufnahme der Flüchtlinge und Heimatvertriebenen nach dem Zweiten Weltkrieg in Ebern

Der Zweite Weltkrieg *(1939 bis 1945)* hatte eine große Flüchtlingswelle in Gang gesetzt: Bis 1950 kamen etwa zwölf Millionen Menschen aus den ostdeutschen Gebieten des Reiches in die deutschen Besatzungszonen sowie nach Österreich. In Ebern lag am 1. Januar 1950 der Bevölkerungsanteil der Flüchtlinge und Heimatvertriebenen bei 16,6 Prozent *(Gesamtbevölkerung: 2.395 Personen)*.

Die Ansiedelung eines Werkes der Firma FAG Kugelfischer Georg Schäfer & Co. aus Schweinfurt in Ebern wurde in Ermangelung von Fertigungsräumen durch die Unternehmerfamilie Schäfer und unter dem Eberner Bürgermeister Josef Wappes in den Jahren 1938 bis 1940 veranlasst. Heute ist die mittlerweile von FAG Kugelfischer gelöste Firma „Fahrzeugtechnik Ebern (FTE) automotive" mit rund 3.200 Arbeitskräften, auch im Ausland, der größte Arbeitgeber vor Ort und renommiert in der Herstellung von Kupplungs- und Bremshydraulik für Pkws und Motorräder.

Im damaligen Landkreis Ebern gab es acht Flüchtlingslager. Die größte Kapazität hatte Maroldsweisach mit einer Belegungsfähigkeit von 135 Personen. Das zweite Flüchtlingslager in Fierst bei Ebern war 1944 ursprünglich für die Belegschaft der Firma Kugelfischer entstanden. Am 21.7.1944, wie Nicola Wientzek in ihrer Facharbeit aus dem Jahr 2002 zu selbigem Thema recherchierte, war das Werk in Eltmann durch einen Bombenangriff zerstört worden, sodass man die Kugelfertigung nach Ebern verlegte und für die Arbeiter, hauptsächlich Wolgadeutsche und Kriegsgefangene, die mit übernommen wurden, fünf Baracken baute. Als im März 1946 der erste Heimatvertriebenentransport in Ebern ankam, wurden die Menschen in vier leer stehenden Baracken untergebracht.

Brauchtum und Kultur der Heimatvertriebenen werden in Ebern heute noch vom Verein „Iglauer Sprachinsel" gepflegt, der von ehemals Heimatvertriebenen, ihren Nachkommen und Interessierten geleitet wird und der bei festlichen Gegebenheiten mit eigener Tracht und Folklore die Traditionen aufrechterhält und zur Vielfalt des öffentlichen Lebens beiträgt.

Viele der Vertriebenen fanden in der Folgezeit einen Arbeitsplatz bei der Firma Kugelfischer. Weitere Flüchtlingslager im Eberner Altlandkreis befanden sich in den Schlössern in Rentweinsdorf und Gereuth; auch im Julius-Pfründner-Spital in Ebern konnten 26 Personen untergebracht werden. Der erste Heimatabend der Eberner Flüchtlinge fand Anfang November 1948 statt. Am 17. September 1952 wurde eine „Sudetendeutsche Landsmannschaft" gegründet. Neben Heimatabenden organisierte man Ausflüge, Ballveranstaltungen und Jugendfreizeiten. Im September 1962 wurde an der Südseite des Eberner Friedhofs ein Mahnmal mit den Worten „Ihr Toten der Heimat seid nicht vergessen" errichtet. Dass im katholischen Ebern in den fünfziger Jahren eine evangelische Gemeinde gegründet wurde, hängt sicherlich auch damit zusammen, dass viele Schlesier, überwiegend evangelisch, nach Ebern gekommen waren. In den siebziger Jahren bewirkte die Sudetendeutsche Landsmannschaft, dass die neu gebaute Siedlung

Der Verein Iglauer Sprachinsel in seiner Tracht beim Festumzug anlässlich der 775-Jahrfeier Eberns im Jahr 2005.

am Steinberg in Ebern Straßennamen erhielt, die an die Heimat der Flüchtlinge und Vertriebenen erinnern: Sudetenstraße, Schlesierstraße, Iglauer Straße, Breslauer Straße, Troppauer Straße, Egerländer Straße usw.

Prähistorisches und Historisches auf dem Höhenkamm

Bevor wir uns zurück nach Ebern begeben, werfen wir noch einen letzten Blick auf die geschichtsträchtige Vergangenheit des Eberner Landes, die in der Waldanlage Fichtig, südöstlich von Fierst, ihre Spuren hinterlassen hatte. Im Jahre 1974 wurden dort bei einer Bundeswehr-

gefechtsübung mehrere Hügelgräber entdeckt. Nach Angaben des Landesamtes für Denkmalpflege, Außenstelle Würzburg, sollen diese aus der Zeit 700 bis 450 v. Chr. oder aus dem

Jägerhochsitz auf einem der östlichen Haßberghöhenkämme.

15. bis 12. Jahrhundert v. Chr. stammen. Forstdirektor Franz Kirchner beschreibt, dass auch hier eine Hochstraße entlang geführt haben könnte, die den Baunach- mit dem Itzgrund einstmals verband. Ein Ort namens Teschweinsdorf befand sich einst ebenfalls in dieser Gegend, zwischen Gleusdorf im Itzgrund und Lützelebern. 1319 erstmals urkundlich erwähnt, ist er bereits 1357 als Wüstung bezeichnet. Grund könnte eine zweite große Pestwelle gewesen sein, die Franken in den Jahren 1356 bis 1363 heimsuchte.

Von Fierst aus fahren wir nach Ebern hinein, das wir über den östlichen Stadteingang erreichen.

Zum Schluss

Die Rundreise durch die Eberner Stadtteile ist beendet. Rund 70 Seiten liegen zurück – wie viele tatsächliche Kilometer, das kann der Leser nur selbst sagen. Es bleibt zu hoffen, dass ein Eindruck entstanden ist, von der Vielfältigkeit örtlichen Lebens, von den kleinen, nicht immer sogleich zu entdeckenden Schönheiten und dass man Freude und Spaß empfunden hat bei der Entdeckung dieser oder jener interessanten Begebenheit.

Schließen möchte ich mit einem Wort von Dr. Heribert Keh, der 1980, zum 750-jährigen Stadtjubiläum Eberns, einen Artikel über die Stadtteile in der örtlichen Presse veröffentlicht hat.

*„**Summa summarum:** Die Ortsteile sind mit ihrer Kerngemeinde historisch nicht nur hoheitsrechtlich und durch gemeinsame kulturelle und wirtschaftliche Verflechtungen verbunden, sondern durch Schicksale: durch Blut und Tränen; mit Sicherheit aber auch durch Freude und Fleiß, obwohl letztere in den Geschichtsbüchern, wenn überhaupt, dann nur verkürzt und ungenügend gewürdigt erscheinen.“*

Historisches heute: Pferdekutsche bei einem Festumzug in Jesserndorf.

Blick über die Stadtgrenze
Nachbarn und österreichische Partnerschaft

Am 1. Mai 1978 schloss sich die Stadt Ebern mit der Gemeinde Pfarrweisach, dem Markt Rentweinsdorf und der Gemeinde Untermerzbach zur Verwaltungsgemeinschaft Ebern zusammen. Seit 1994 verwaltet sich das im Itzgrund gelegene Untermerzbach wieder selbst.

Gemeinde Pfarrweisach

Die Gemeinde Pfarrweisach, 1122 als Wisaha genannt, ist nördlich von Ebern angesiedelt. Ihr Name besagt „Pfarre an der Weisach", dem Fluss, der aus einem eigenen Tal fließend bei Pfarrweisach in die Baunach mündet. Anhand des Namens wird bereits deutlich, wie bedeutsam Pfarrweisach einst als Urpfarrei für rund 70 Orte der ganzen Umgebung, darunter auch Ebern, war. 1232 allerdings musste die Pfarrei den großflächigen Sprengel mit Ebern teilen. Dieser Teilungsurkunde verdanken wir die erstmalige Nennung vieler Ortschaften unserer Gegend. Zur Wende des 16. Jahrhunderts entstand in Pfarrweisach

die spätgotische Kirche, die bemerkenswerte Epitaphien der Adelsfamilien von Raueneck und Lichtenstein birgt. Der heute 1.600 Einwohner

Die Gemeinde Pfarrweisach liegt nördlich von Ebern.

große Ort hatte durch seine günstige Lage als Tor zum Weisachgrund seit jeher regen Durchgangsverkehr. Hier trafen einst Thüringer, Franken und Slawen aufeinander. Umliegende Ortschaften, wie Ditterswind, Voccawind und Geroldswind, erinnern durch ihre Wortendung an den slawischen Einfluss. Das Dorfensemble des Pfarrweisacher Ortsteils Rabelsdorf ist mit seinem schönen Fachwerkambiente und zahlreichen idyllischen Winkeln besonders reizvoll, und so gewann man im Landes- und Bundeswettbewerb „Unser Dorf soll schöner werden" die begehrte Goldmedaille. Der größte Ortsteil Kraisdorf trumpft musikalisch mit seiner Kraisdorfer Blasmusik auf. Auch in Junkersdorf, Herbelsdorf, Dürrnhof, Lohr, Römmelsdorf gibt es sehenswerte Fleckchen. Nicht zu vergessen ist der hoch gelegene Ortsteil Lichtenstein, der durch seine imposante Burg und die angrenzende Burgruine (*beschrieben im Kapitel „Burgen und Schlösser"*) geprägt ist und damit zu den bedeutendsten Sehenswürdigkeiten im Landkreis zählt.

Markt Rentweinsdorf

Der Markt Rentweinsdorf liegt südlich von Ebern im Baunachgrund. Der rund 1.700 Einwohner große Ort wird vor allem vom repräsentativen Rotenhanschen Rokokoschloss geprägt, das zentral innerorts gelegen ist. Ebenfalls in der Ortsmitte befindet sich der Planplatz, um den weitere wichtige Gebäude zu einem schönen Ensemble gruppiert sind: das Rathaus, das Pfarrhaus, die evangelische Drei-einigkeitskirche aus dem Jahr 1700 mit kunsthistorisch interessanten Grabplatten der Patronatsfamilie von Rotenhan, die Alte Schule, der 1988 erbaute Marktsaal, ein Bäcker-

laden mit Café und ein Gasthof mit Fachwerkambiente. „Rentwigesdorff" verdankt seine Erstnennung ebenfalls der Pfarreienteilung von 1232. Seit Jahrhunderten ist die Marktgemeinde

Der Markt Rentweinsdorf mit der Dreieinigkeitskirche.

untrennbar mit der Familie von Rotenhan verbunden, auf welche auch die frühe Einführung des evangelischen Glaubens im Ort zurückgeht; ein Mitglied der Familie war persönlich mit Martin Luther bekannt geworden, als dieser einst in Coburg weilte. Bereits 1553 wurde Rentweinsdorf zur eigenen evangelischen Pfarrei erhoben, als erste im Baunachgrund. Friedrich Rückert dichtete über den Ort, der „in des schönen Grundes Mitte" gelegen sei; vorrangig ging es Rückert aber um eine Liebschaft zur jugendlichen Agnes Müller, der er 70 Sonette widmete. Einer der acht Ortsteile Rentweinsdorf ist Flugsportinteressierten ein Begriff: Der Flugplatz Sendelbach, der vom Eberner Flugsportclub betrieben wird, ist ein Treffpunkt für Segel- und Motorflieger.

Gemeinde Untermerzbach – Perle des Itzgrundes

Am nordöstlichsten Rand des Landkreises Haßberge, im Tal der Itz, liegt die Gemeinde Untermerzbach. Bis 1994 war die

Kommune an die Verwaltungsgemeinschaft Ebern angegliedert. Der rund 1.800 Einwohner große Ort darf damit werben, von Johann Gottfried Herder als „die schönste Gegend der Welt" bezeichnet

Untermerzbach im Itzgrund gehörte bis 1994 zur Verwaltungsgemeinschaft Ebern.

worden zu sein. Als wahre Perle des Itzgrunds gilt Untermerzbach allemal, zieren doch hübsche Fachwerkbauten und gepflegte Ortsbilder den Kernort wie auch die Gemeindeteile. Eine Besonderheit der Gegend ist neben der Synagoge im Ortsteil Memmelsdorf (*siehe S. 60*) auch der Fränkische Bibelweg, der in zwölf Stationen von Untermerzbach nach Memmelsdorf führt. Ein Bildhauer aus Seßlach hat mit seinen Schülern biblische Skulpturen mit der Motorsäge aus Baumstämmen gesägt. Das evangelische Kirchlein vom Ortsteil Obermerzbach gilt mit seinen Stilelementen der Romanik als der älteste Sakralbau der Haßberge und als ein Ort mit besonders viel Ausstrahlung und Anziehungskraft.

Partnergemeinde Strass im Zillertal, Österreich

Seit dem 17. Mai 1980 besteht die Partnerschaft zwischen der Stadt Ebern und der Gemeinde Strass im Zillertal, zustande gekommen aufgrund jahrelanger intensiver freundschaftlicher Beziehungen zwischen Bürgern und Vereinen der beiden Kommunen. Das Kennenlernen der beiderseitigen Lebensverhältnisse und Traditionen und das wechselseitige Einladen zu Festlichkeiten und Veranstaltungen stehen im Vordergrund. Die rund

Standkonzert der Bundesmusikkapelle Strass am Eberner Marktplatz anlässlich der 25-jährigen Partnerschaft 2005.

850 Einwohner große Gemeinde Strass liegt am Eingang zum Zillertal. Tal und Berge bestimmen eindrucksvoll die Landschaft und das Erscheinungsbild des Dorfes und seiner sieben Ortsteile. Markante Punkte sind der Brettfallfelsen am Fuße des 1.367 Meter hohen Larchkopfes mit der Wallfahrtskirche Maria Brettfall sowie die inmitten des Dorfes gelegene Pfarrkirche St. Jakob. Vor 25 Jahren wurde die dörfliche

Struktur vorwiegend durch landwirtschaftliche Betriebe dominiert. Heute überwiegen die etwa 60 Klein- und Mittelbetriebe, in denen rund 600 Mitarbeiter beschäftigt sind. Strass lebt nicht nur vom Kleingewerbe, sondern auch vom Tourismus.

Ein herzliches Willkommen in der Partnergemeinde ist allen Ebernern, genauso wie allen anderen Gästen, garantiert !

Ortsmitte von Strass im Zillertal mit der Pfarrkirche St. Jakob.

Coburg

Bad Kissingen

B 279

B 4 Lichtenfels

Schweinfurt

B 303 Ebern

Bad Staffelstein

A 70 Haßfurt

A 7

Main

Bamberg

A 73

Würzburg

Nürnberg

JESSERNDORF

Wandern, Radfahren und Tagestouren

Touren in die nähere und weitere Umgebung

Wandern auf Themenwanderwegen

Wer am Reiz der Eberner Landschaft Gefallen gefunden hat und weitere entlegene Ecken und Plätze der Gegend erkunden will, der sollte die Wanderschuhe schnüren. Neben dem variationsreichen Wegenetz gibt es Themenwanderwege und Fernwanderwege, die teils über das Gebiet der Haßberge hinausgehen. Im Kapitel der Stadtteile werden einige der Wege, die durch das Eberner Land führen, genannt, wie der Kelten-Erlebnis-Weg, der Rennweg und der Burgenkundliche Lehrpfad. Es gesellt sich zu ihnen der für das Haßbergland charakteristische „Burgen- und Schlösserweg", ein Rundweg, der mit einer Gesamtwegstrecke von 180 Kilometern etappenweise erwandert werden kann. Die bekannten Sehenswürdigkeiten im Eberner Raum sind im Kapitel „Burgen und Schlösser" vorgestellt. Darüber hinaus präsentieren sich auf der Wegstrecke zahlreiche weitere Landschlösser, reizvolle Fachwerkorte und historische Stätten im gesamten Naturpark Haßberge wie der Landschaftspark Bettenburg und die Schwedenschanze bei Hofheim, die Ritterkapelle Haßfurt mit 248 in Sandstein gehauenen Ritterwappen sowie die Burgruinen Königsberg und Dippach. Im Süden der

*„Wie ein Fluß nicht gern gerade,
Hin und her das Tal durchfließt,
So ich auch dem Wandrer rate,
Der des Schönen hier genießt,
Mitzulaufen all' die Hügel
Über Stock und über Stein!
Wenn die Seel da keine Flügel,
Kann man nimmer helfen, nein!"
(Friedrich Rückert).*

Haßberge wächst ein hervorragender Frankenwein. Auf dem zwischen fünf und 25 Kilometern variierbaren Weinwanderweg „Abt-Degen-Steig" zwischen Zeil und Steinbach ist das Weinland Haßberge erwanderbar *(Infos bei der Stadtverwaltung Zeil, Tel. 09524/9490)*. Biergärten und Heckenwirtschaften laden zum Verweilen ein. Die Bierkeller sind

vor allem im Bamberger Land bekannt. Bayerns größte Brauereiendichte mit vier Brauereien auf 1.500 Einwohnern hat hingegen die Gemeinde Aufseß in der Fränkischen Schweiz. Die Region ist auch ein lohnenswertes

Wanderer infomieren sich an der Ruine Rotenhan – eines der schönsten Geotope Bayerns.

Ausflugsziel. Der 143 Kilometer lange Friedrich-Rückert-Wanderweg ist einer der bekanntesten Wanderwege in der Gegend. Er führt von Rückerts Geburtsstadt Schweinfurt zu seiner letzten Wirkungs- und schließlich Ruhestätte Neuses bei Coburg. Zahlreiche andere Themenwanderwege sind im gesamten Haßbergkreis ausgewiesen, darunter Natur-Erlebnispfade, Kirchwege, Marienwege und Bibelwege. Bei Birkenfeld berühren die Europawanderwege E3 und E6 den Landkreis Haßberge. Wandern ohne Gepäck? Auch dies ist in den Haßbergen möglich. Eine Broschüre für Rollstuhlfahrer beschreibt hindernisfreie Wegstrecken. Bei Interesse an den verschiedenen Angeboten sollte ein Besuch bei der Tourist-Information Haßberge in Hofheim unbedingt miteingeplant werden: dort ist sämtliches Informationsmaterial erhältlich.

Tipp: Unter Wanderern bekannt sind die Wanderführer des Bergverlages Rother, der auch einen über den „Steigerwald mit Haßbergen und Frankenhöhe" herausgegeben hat. Das kompakte rote Büchlein beinhaltet 50 ausgewählte Wanderungen und kann Wanderfreunden, neben einer passenden Wanderkarte, empfohlen werden.

Radwandern durch das Land

Auch der Radfahrer ist in der Gegend gut aufgehoben. Von Ebern aus lässt es sich mit dem Rad auf ebener Strecke im Baunachtal der Bahnlinie entlang gemütlich ins 15 Kilometer südlich gelegene Reckendorf fahren und dort zur Sommerszeit in einen Biergarten einkehren. Oder man hängt noch einmal die gleiche Streckenlänge an und trampelt bis nach Bamberg. Zurück nach Ebern bietet sich die Bahn als Verkehrsmittel an. Reizvolle Rad-Rundfahrten mit verschiedenen Steigungsgraden sind im ganzen Haßbergkreis möglich.

Torhaus von Treinfeld, Markt Rentweinsdorf.

Zum Beispiel führt von Ebern eine 28 Kilometer lange Radtour in den Itzgrund nach Untermerzbach hinunter, über Wüstenwelsberg hinauf nach Lichtenstein und im Baunachtal wieder zurück zum Ausgangspunkt. Eine Radtour mit einer Länge von ca. 20 Kilometern geht von Ebern nach Eyrichshof, Unterpreppach, Welkendorf, Weißfichtensee, Reutersbrunn über Heubach zurück nach Ebern. Als Radwegeführer für diese Touren ist die Broschüre „Radwandern und Landerleben" des Naturpark Haßberges samt Kartenmaterial bei der Tourist-Information Haßberge in Hofheim erhältlich.

Durch das Maintal führt neben dem überregionalen Main-Wanderweg auch ein Main-Radwanderweg. Für Touren mit Kindern, aber auch Inline-Skater, eignen sich von Ebern aus besonders der ausgebaute Radweg im Baunachtal Richtung Maroldsweisach im Norden oder nach Reckendorf im Süden.

Ein umfangreicher und mit Karten ausgestatteter neuer Radwegeführer „Haßberge und nördl. Steigerwald" des Naturpark Haßberge kann bei der örtlichen Tourist-Information erkauft werden.

Touristische Nahziele und Vorschläge für Tagestouren

Lohnendes Ausflugsziel: Eine Wanderung auf den Staffelberg.

Vieles zu sehen und zu unternehmen gibt es neben den bereits in den Kapiteln erwähnten Sehenswürdigkeiten auch in der weiteren Umgebung von Ebern *(in Klammern gesetzt die Entfernungen ab Ebern)*. Als Nahziele im Haßbergland sind neben der historischen Altstadt von Königsberg i. Bay. *(20 km)* die Weinstadt Zeil am Main *(20 km)* sowie die Kreisstadt Haßfurt *(25 km)* zu empfehlen. Zwischen Sand am Main und Eltmann steht die von Balthasar Neumann erbaute barocke Wallfahrtskirche Maria Limbach *(25 km)*. Als verträumtes historisches Städtchen ist das nordöstlich von Ebern gelegene Seßlach bekannt *(25 km)*: Die schöne Altstadt ist von Samstagnachmittag bis Sonntagabend für den Verkehr gesperrt und bewahrt sich damit den Charakter vergangener Zeiten. Der Wildpark Schloss Tambach an der Bundesstraße 303 wurde im Kapitel „Eberns Stadtteile" beschrieben *(25 km)*. Die Wallfahrtskirche Vierzehnheiligen und das gegenüberliegende Kloster Banz sind ebenfalls einen Besuch wert. Von Ebern aus kann Vierzehnheiligen durchaus erwandert werden. Wer keine Übernachtung dort plant, sollte eine Rückfahrmöglichkeit organisieren *(25 km)*. Im

Die Heldburg in Südthüringen ist ein gern besuchter Ausflugsort.

gegenüberliegenden Banz kann in einem Klettergarten die eigene Schwindelfreiheit ertestet werden. Beides zählt gemeindlich zu Bad Staffelstein, welches als Kurort und für die Obermain Therme bekannt ist. Im gleichen Tal liegt die Korbstadt Lichtenfels (*30 km*). Durch diese Gegend führt auch eine der Jakobswegvarianten von Erfurt über Lichtenfels nach Bamberg. Historische Gewachsenheit ist in den größeren Städten der Umgebung erfahrbar. In Coburg (*30 km*) steht die gut erhaltene Veste Coburg hoch über der Stadt. Auch im nördlichen Heldburg ist eine „Burgenschönheit" zu besichtigen (*30 km*). Bad Königshofen im Grabfeld mit der Frankentherme ist ebenfalls

Kurort (*40 km*). In der UNESCO-Stadt Bamberg (*30 km*) sind neben der zu einem Bummel einladenden Altstadt der Dom, die Residenz mit Rosengarten, die Alte Hofhaltung, Klein Venedig, das Alte Rathaus über der

Nürnberg mit der Kaiserburg.

Regnitz und vieles andere Sakrale und Weltliche einen abwechslungsreichen Besuch wert. Nicht nur der Flughafen im südlich gelegenen Nürnberg zieht Menschen an, sondern auch die Kaiserburg hoch über der Stadt, der Schöne Brunnen am Hauptmarkt, das Germanische Nationalmuseum, der Tiergarten und zur Weihnachtszeit der Christkindlesmarkt (*90 km*). Rund 100 Kilometer entfernt liegt Würzburg, erreichbar über die A 70. Bekannt ist in Würzburg neben dem Dom und der Residenz die Festung Marienberg, die malerisch von Weinbergen umgeben auf einem Hügel über dem Main und der Stadt thront. Die Industrie- und Rückert-Stadt Schweinfurt liegt 55 Kilometer im Westen Eberns.

Informationen von A - Z
Serviceteil

Soweit nicht anders angegeben, befinden sich die Anlaufstellen in 96106 Ebern.
Die Angaben entsprechen dem aktuellen Stand von November 2007.

Über Ebern
Einwohnerzahl: 7.427
Größe: 95 qkm
Höhe über dem Meeresspiegel: 269 Meter
(Marktplatz Ebern)

Lage: Landkreis Haßberge, Regierungsbezirk Unterfranken, Freistaat Bayern
GPS-Daten:
10°47`42`` O
50°05`36`` N
www.ebern.de
www.ebern-aktuell.de

Informationen, Broschüren, Veranstaltungshinweise
Tourist-Info Ebern
Für die Stadt Ebern und umliegende Gemeinden
Rittergasse 3
09531-62914

Tourist-Info Haßberge
Für den Landkreis Haßberge und den Naturpark Haßberge
Obere Sennigstr. 4
97461 Hofheim i. Ufr.
09523-92290
www.hassberge-tourismus.de
www.landkreis-hassberge.de

Führungen und Wanderinfos:
Stadtführungen
(auch durch Türmer)
Über die Tourist-Info Ebern
09531-62914
Wanderungen, Radwandern
Infos in den Tourist-Infos
Siehe auch Kapitel Stadtteile und Touren in die Umgebung
Führung Ruine Lichtenstein
Heimatverein Pfarrweisach
09535-981073 oder -602
Führung Ruine Altenstein
Burg- und Heimatverein Altenstein e. V. · 09535-1333
Radfahren
Ausgebauter Radweg im Baunachtal, weitere Tourenvorschläge erhältlich
Wandern ohne Gepäck
Tourist-Information Haßberge
Wander- und Ortsführungen
(Heilsteine; Wald, Wasser, Steine...)
Wanderwart des Haßbergvereins
Heinz Fausten, Jesserndorf
09531-1230
HOFF Sport&Freizeit

Geführte Fahrrad- und
Motorradtouren
09265-914241
www.hofff.de

**Fuffi „Agentur für
Tourismus, Handel und
musikalische Darbietungen"**
Brauereitouren, geführte
Wanderungen, Livemusik
09531-6669

**Naturexkursionen,
Vogelstimmenwanderungen**
Bund Naturschutz Haßberge
09521-7113

Synagoge Memmelsdorf
09533-982354

Freizeit
**Tennisanlage
Coburger Straße**
3 Sandplätze, Trainingswand
Saison: Mai bis Oktober

Tennishalle in Sandhof
1 Tennisplatz, Squash, Sauna
Saison: Okt - April
Heubacher Str. 19
09531-9414320

Angeln
Gästetageskarte bei
Autohaus Dietz, Bahnhofstr. 39
09531-6270

**Reiterhof Lützelebern
„IP Ranch"**
Reitstunden, Ausritte
09531-944957
www.ip-ranch.com

Reiterhof „Lichtblick Pferd"
Bramberg
09534-1285

Reiterhof „Lind"
Lind, 96184 Rentweinsdorf
09531-941056

Kegeln
TV Ebern Kegelabteilung,

Sportheim Lützeleberner
Straße · 09531-5281
KSV Unterpreppach
09531-8404

**Trimm-dich-Pfad am
Losberg**
Start: Parkplatz am Freibad,
Vita-Parcours, ca. 2 Kilometer,
20 Stationen

Kutschfahrten
Buchbar über die Tourist-Info
Ebern · 09531-62914

Fliegen
Flugsportclub Ebern
*Flugplatz Sendelbach (6 km süd-
lich von Ebern an der B279)*
09535-1220

Sportschießen
Schützenhaus am Losberg,
Gästeschießen
09531-5434 oder -8203

Skateplatz
Gleusdorfer Straße, Ebern

Golfplatz Haßberge
Neue Laube 1
97500 Ebelsbach
09522-7085500
www.golfclub-hassberge.de

Kanu-Freizeit
Flugplatzstr. 8
97437 Haßfurt
09521-3577
www.bootundfreizeit.de

Bauernmarkt
Bauernmarkt Eberner Marktplatz · jeden 3. Freitag / Monat
9.00 bis 12.00 Uhr

Stadtbücherei Ebern
Kirchplatz 1
09531-8317
Öffnungszeiten:
Mo+Fr 14.00 bis 18.00 Uhr
Di 10.00 bis 13.30 Uhr und
15.00 bis 18.00 Uhr

Do 10.00 bis 12.30 Uhr und 15.00 bis 18.00 Uhr

Beheiztes Freibad am Losberg
09531-6995
Saison: Mitte Mai bis Mitte September

Hallenbad
Georg-Nadler-Straße
09531-253 · *Saison: außerhalb der Freibadsaison*

Kinos
in Zeil a. Main (Lkr. Haßberge), Bamberg, Coburg, Nürnberg, Würzburg

Mit Kindern
Kinderspielplätze in der Stadt und den Stadtteilen; Sommerferienvereinsprogramm
Anmeldung und Info bei der Stadtbücherei Ebern 09531-8317;
Kinderkulturabo
www.kinder-kultur-abo.de

Infos für Senioren
Seniorenbroschüre
„Grautürmla" der Stadt Ebern
09531-6290

Kunst
Kunstmeile der Tourismus- und Werbegemeinschaft,
findet alle zwei Jahre im Herbst in der Eberner Altstadt statt

Kunsthandwerk & Hobbykünstler
Hobbykünstlermarkt am Altstadtfest Ende Juli

Theater
Theater „Maßbach", Aufführungen organisiert durch die VHS Ebern
09531-6463

Theatergruppen in Fischbach und Jesserndorf

Aufführungen jährlich zur Neujahrszeit

Gottesdienste
Evangelisch und katholisch, siehe Aushänge an den Kirchen

Museen

Heimatmuseum Ebern
Marktplatz
09531-4756
Öffnungszeiten:
Sonn- und Feiertag am Nachmittag, Sonderführungen nach Vereinbarung, Grauturmbesteigung
www.heimatmuseum-ebern.de

Garnisonsmuseum der Eberner Bataillone
www.12er-aufklaerer.de
09531-8327 oder -8302

Museen im Landkreis:
Schlepper- und Gerätemuseum Aidhausen
Heimatmuseum Eltmann
Eisenbahnmuseum Hofheim
Maintail-Steigerwald-Museum Knetzgau
Gerätesammlung Unfinden
Feuerwehrmuseum Mechenried
Fotomuseum Zeil
Nostalgiemuseum Burgpreppach
Informationen bei der Tourist-Information Haßberge
09523-92290

Gastgeber und Unterkünfte

Bierpub Kleeblatt
Marktplatz 22
09531-1310

Bistro X-Cross
Sutte 7
09531-5206

Café am Markt
Marktplatz 14

09531-252
Café Wagner
Kapellenstr. 23
09531-368
City-Döner Haus
Kapellenstr. 2
09531-940080
Eisdiele „Alpi"
Spitaltorstr. 1
09531-8861
English-Pub Fantasie
Gleusdorfer Str. 2
09531-5108
Ferienwohnung Lindenhof
Ruppach
09531-940443
**Ferienwohnung
von Rotenhan**
Fischbach
Alte Bundesstr. 30
09535-1310 oder -250
Ferienhof Weidner
Bramberg
Am Kirchberg 1
09534-523
Ferienwohnung Theuring
Pilsener Weg 8
09531-8977
Ferienwohnung Kaiser
Bramberg
Bramberger Hauptstr. 24
09534-1242
Ferienwohnung Korn
Gleusdorfer Str. 3
09535-395
Gasthof Frankenstuben
Klein-Nürnberg 20
09531-8430
mit Gästebetten
Gasthof Post
Bahnhofstr. 2
09531-8077
mit Gästebetten
Gasthof Stern

Marktplatz 5
09531-8342
Gastwirtschaft „Kaiser"
Unterpreppach
Breitenbachstr. 14
09531-5433
Laurentiusstübla
Kapellenstr. 1
09531-6426
Mex. Speiselokal „Veracruz"
Marktplatz 18
09531-944914
mit Gästebetten
Pension Bauer
Zentstr. 13
09531-239
Pension Forster
Kapellenstr. 12
09531-240
Pizzeria Bella Sicilia
Specke 1
09531-5150
Restaurant „Bei Peppo"
Sandhof 1
09531-5476
mit Gästebetten
Restaurant Glaubenstein
Ritter-von-Schmitt-Str. 6
09531-6900
Restaurant Weitblick
Losbergstraße (am Freibad)
09531-943875
Ritterstube
Ritter-von-Schmitt-Str. 4
09531-6436
Sportheimgaststätte TVE
Lützeleberner Str. 1
09531-5281

Kulinarisches
Initiative
„Natürlich von hier"
Ein Gemeinschaftsprojekt
fränkischer Gastronomen und

Direktvermarkter aus Haß-
berge und Steigerwald
www.natuerlich-von-hier.de
**Initiative
„Eberner Gastwirte"**
www.tourismus-ebern.de

Brotzeit-Gastwirtschaften in den Stadtteilen
(unregelmäßige Öffnungszeiten)
Gastwirtschaft Kundmüller
Bischwind
Am Weinberg 2
09534-326
Gastwirtschaft Appel
Bischwind
Am Weinberg 1
09534-357
Gastwirtschaft „Reiterklause"
Bramberg
Bramberger Hauptstr. 29
09534-1285
Schwarze Schänke
Eichelberg
Mühlstr. 17
09531-5191
Gastwirtschaft „Hauck"
Heubach
Heubacher Hauptstr. 1
09531-8098
Gaststätte Hümmer
Jesserndorf
Dorfplatz 1
09531-6508
„Zum Hohlen Stein"
Reutersbrunn
Bürgerwaldstr. 7
09531-293
„Bürgerwald-Gaststätte"
Reutersbrunn
Bürgerwaldstr. 3
09531-392

Wohnmobil
Wohnmobilstellplatz, ausgezeichnet mit „TopPlatz"
Zentral an der Stadtmauer in
historischem Ambiente; für
30 Wohnmobile, Strom- und
Wasseranschluss, WC-Haus
mit Duschen
Anmeldung bei der Touristin-
formation Ebern
09531-62914

Zeltplatz Reutersbrunn
Stadtverwaltung Ebern
09531-6290

Verkehrsmittel
Bahnhaltepunkt
*Endstation der Regionalbahn von
Bamberg nach Ebern*
in der Georg-Nadler-Straße
tägliche Linien
Busse
*Haltestelle in der Georg-Nadler-
Straße vor der Turnhalle*
Taxi
Taxi Hofmann
Bahnhofstr. 11
09531-6326

Tankstellen
Tankstelle Aral
Klein-Nürnberg
(Südeingang der Stadt)
Tankstelle Dietz
Bahnhofstr. 39
(Nordeingang der Stadt)

Parkplätze
*siehe eingezeichnetes Symbol im
Stadtplan*

Einkaufen

Öffnungszeiten:
Geschäfte in der Regel Mo-Fr
8 bzw. 9 bis 18 Uhr, Sa bis 13 Uhr
Supermärkte Mo-Sa bis 20 Uhr

Postagentur

im tegut-Markt
Coburger Straße

Feiertage

Neujahr (1.1.), Heilige-Drei-
Könige (6.1.), Karfreitag,
Ostermontag, Tag der Arbeit
(1.5.), Pfingstmontag, Fronleichnam, Mariä Himmelfahrt
(15.8.), Tag der dt. Einheit
(3.10.), Allerheiligen (1.11.),
Weihnachten

Feste

*Fasching, Frühlingsfest, drei-
tägiges Altstadtfest (Ende Juli),
Kirchweih (Mitte September),
Volksmusikabend (Herbst).
Fast jeder Stadtteil hat seine
eigenen Feste, z. B. das traditionelle Maibaumaufstellen oder
Sonnwendfeuer. Bei Jubiläen gibt
es Festumzüge und Bierzeltge-
mütlichkeit. Hinzukommen die
unzähligen Feste der Vereine und
Institutionen.
Siehe auch Veranstaltungskalender
der Stadt Ebern.*

Vereine und Geschäfte
Zusammenschluss der
Eberner Vereine

Kulturring Ebern e. V.
*organisieren beispielsweise den
Eberner Fasching und den Tag der
Vereine*

Zusammenschluss der Eberner Geschäfte und Tourismusbetriebe

Tourismus- und Werbegemeinschaft e. V.
*organisieren beispielsweise die
Kunstmeile und den Bauermarkt*

Für den Notfall

*(Vorsicht: bei Handy-Anrufen
stets die Vorwahl 09531- für den
Eberner Raum wählen)*
Rettungsdienst
Notfallnummer: 19222
Polizei
Inspektion Ebern
Karl-Hoch-Anlage
Notfallnummer: 110
Feuerwehr
Notfallnummer: 112
Krankenhaus
Haßberg-Kliniken
„Haus Ebern"
Coburger Str. 21
09531-6280
Apotheke am Grauturm
Marktplatz 38
Stadtapotheke
Marktplatz 7
Defibrillationsgeräte
(bei Herzkammer-Flimmern)
- im Hof der Apotheke am
  Grauturm, Marktplatz 38
- im BRK-Haus in der Cobur-
  ger Straße 7
- in der Wache der Fa. FTE,
  Andreas-Humann-Str. 2
(siehe auch Symbol im Stadtplan)

Literatur- und Bildnachweise

Gedruckte Quellen und allgemeine Literatur

„Wanderungen in die Erdgeschichte (20)" Gerd Geyer/Hermann Schmidt-Kaler, Verlag Dr. Friedrich Pfeil, München, 2006 – „Ebern. Bild einer fränkischen Kleinstadt" Dr. Isolde Maierhöfer, Konradverlag, Weißenhorn, 1980 – „Besiedlungsspuren am Burgenlehrpfad" Werner Pfeil, Seßlach, 2005 – „Lokalbahn Breitengüßbach-Maroldsweisach" Wolfgang Bleiweis/Bernd Schmitt, Verlag Wolfgang Bleiweis, Schweinfurt, 1996 – „Strass im Zillertal" Max Perger, Berenkamp, 1995 – „Fachwerkbauten in Franken" Alfred Höhn, Echter Verlag Würzburg, 1980 – „Die Kunstdenkmäler von Unterfranken und Aschaffenbuch, XV, Bezirksamt Ebern" Hans Karlinger, Druck und Kommissionsverlag von R. Oldenbourg, München, 1916 – „90 Jahre (Bamberg-) Breitengüßbach-Ebern-Maroldsweisach" Bamberger Eisenbahnfreunde e. V., Verlag aku, Fotodruck GmbH, Bamberg, 1986 – „Ein Leben für Ebern" Karl Hoch, Buchdruckerei Ernst Erne oHG, Ebern, 1967 – „Ebern im Herzen der Haßberge" Karl Hoch, Ebern – „Ebern, Geschichte der Pfarrei, der Kirchen und Kapellen" Karl Hoch - „Geschichte des Baunach-Grundes in Unterfranken" Georg Ludwig Lehnes, Würzburg, 1842 – „äwera gschichtla" hugo h. einwag, Ebern/Nürnberg, 1980 – „750 Jahre Höchstädten" Günter Lipp, Ebern/Frickendorf, Druck Alfred Gorke, Bamberg, 1994 – „Fränkische Hoftore" Hans Bauer, Verlag Siegfried Greß, Marktbreit, 1979 – „Die Hassberge" Gunther Hartwich/Ingrid Hartwich/Helmut Hey, Bayerische Verlagsanstalt GmbH, Bamberg, 1996 – „Der Landkreis Hassberge" Rudolf Mader/Paul Hinz, Verlag Fränkischer Tag, Bamberg, 1986 – „40 Jahre Kugelfischer" Karl Brand, 1981 – „Chronik der Spitalkapelle St. Elisabeth" Karl Brand, Ebern, 1989 – „Der lange Weg zu einer evangelischen Gemeinde in Ebern von der Reformation bis zum heutigen Tag" Karl Brand, Ebern, 1998" - „Chronik der Gemeinde Jesserndorf" Karl Krimm, 1950/51-53 – „Entwurf eines Heimatführers" Hauptlehrer Bergmann, 1975 – „Heimatkunde und Führer für Touristen", A. Schenk, Baunach, 1924 – „Geschichten und Sagen des Eberner Raumes" W. Bergmann/J. Wabra, wabra verlag, Werneck, 1965 – „Der Weisach-Baunach-Grund in Wort und Bild" Günter Lipp/Gerhard W. Peetz, 1980, Druck und Verlagsanstalt Neue Presse GmbH, 1980 – „Die Rotenhan – Genealogie einer fränkischen Familie von 1229 bis zum Dreißigjährigen Krieg" Gottfried Freiherr von Rotenhan, Neustadt a. d. Aisch, 1985 – „500 Jahre Kirche in Unterpreppach" Kath. Kirchenstiftung Unterpreppach, 2004 – „Die Kunst des Bamberger Umlandes" Heinrich Mayer, Bayerische

Verlagsanstalt Bamberg, 1955 – „Übersicht über die im Staatswald des Forstamtes Ebern gegebenen geschichtlichen Verhältnisse" Franz Kirchner, Ebern, 1983 – „Die Pfarreien Jesserndorf – Vorberg – Raueneck in ihrer Entwicklung" Norbert Kandler, Benedict Press Münsterschwarzach Abtei, 1996 – „Mainfränkisches Jahrbuch für Geschichte und Kunst. 26" Kapitel: Neuses am Raueneck, eine Mariengnadenstätte in den Haß-bergen, S. 63ff, Bernhard Schemmel, Druckerei Karl Hart KG, Volkach vor Würzburg – „Straße der Fachwerk-Romantik" Helmut Hey, Verlag Ludwig und Höhne, 1988 – „Geschichte der Stadt Ebern in Unterfran-ken und Aschaffenburg" Johann Georg Greb, Ebern, 1862, 1865-1867 bis 1868-1872 – „Lehnbuch und Pfarrbeschreibung vom Jahre 1775" von F.W. Korb dermaligen hochfürstl. Pfarrer daselbst, Franz Wilhelm Korb, 1775 – „Historisches Ortsnamenbuch von Bayern Unterfranken, Landkreise Ebern und Hofheim" Werner Schmiedel, Kommission für Bayerische Landesgeschichte, München, 1973 – „Historischer Atlas von Bayern, Teil Franken, Ebern" Dr. Isolde Maierhöfer, Kommission für Bayerische Landesgeschichte, München, 1964 – „Wüstungen im Umkreis der Haßberge" Paul Sörgel, Hofheim, 2001 – „Reformation und Gegenreformation in den Haßbergen" Paul Sörgel, Haßfurt, 1996 - „Ebern damals und heute" Rolf Feulner/Christian Frieß/ Erika Zucker, Europäische Bibliothek Zaltbommel, Niederlande, 2004 – „ABC Wegweiser des Landkreises Haßberge" Lkr. Haßberge, Haßfurt, 1981 – „Ebern in alten Ansichten" Hans Sperber und Erich Steppert, Europä-ische Bibliothek Zaltbommel, 1978 - „Jahresgaben des Bürgervereines Ebern 1995, 2000, 2001" Hrsg. Bürgerverein Ebern – „Siehe der Stein schreit aus der Mauer; Geschichte und Kultur der Juden in Bay-ern" Ausstellungskatalog Germanisches Nationalmuseum, Nürnberg, 1988 – „Der Hassgau. Das Land der Schlösser, Burgen und Ruinen" Hofheim, 1972 – „Baunach und Weisach entlang" Foto-Creativ-Kreis Ebern, 1999 – „Sagen und Schwänke aus Franken" Carlheinz Gräter, Konstanz, 1971 – „Wandern in Unterfranken" Heinrich Höllerl, Hoof (Saale), 1982 – „St. Laurentius in Ebern 1491-1991" Kath. Pfarrge-meinde St. Laurentius Ebern, 1994 – „Die Kirchen von Ebern/Unter-franken" Heribert Keh, Schnell Kunstführer Nr. 1131, München, 1978 - „Fränkisches Hausbuch" Diethard H. Klein, Freiburg i. B., 1981 – „Jüdische Friedhöfe in Unterfranken" Gabrielle Kokott und Anita Sperle, Diplomarbeit, Weihenstephan, 1985 – „Wandern und einkehren. Naturpark Haßberge – Naturpark Steigerwald", Georg Blitz, Stuttgart, 1996 – „125 Jahre Freiwillige Feuerwehr Ebern", Simone Bastian und Jürgen Hennemann, 1992 – „Hassberge - Ein Kunst- und Kulturführer durch den Landkreis" Landkreis Haßberge, Haßfurt, 2003 – „Land und Leute" Ludwig Leisentritt, Zeil, 1992 – „Türme im Eberner Land" Gebundene Schrift zu einer Serie der Neuen Presse vom 25.4.87 bis 24.10.87 – „Der Landkreis Haßberge um 1860" Beate und Günter

*Lipp/Klaus Reder/Susi-K. Reimann, Würzburg, 2004 – „Der Land-
kreis Haßberge" Rudolf Mader/Paul Hinz, Bamberg, 1986 - „Burgen
und Klöster in Franken" Ferdinand Mehle, Kehl, 1996 – „Ebern wird
zur Stadt erhoben" Otto Meyer, Ebern, 1985 – „Fränkische Lebens-
bilder" Gerhard Pfeiffer, Würzburg, 1967 – „Der rothe Doktor von Chicago – ein deutsch-amerikanisches Auswandererschicksal" Axel W.-O.
Schmidt, Frankfurt a. M., 2003 – „Zeugnisse jüdischer Vergangenheit
in Franken" Israel Schwierz, Bamberg, 1983 – „Museumslandschaft
Franken" Erich Zieher, Hoof/Saale, 1984 - „Dein Standort Ebern"
Jägerbataillon 101, Mönch Verlag Koblenz/Bonn, 1979*

Eberner Heimatblätter

*„Zur Mühlengeschichte des Eberner Raumes" Dieter Rödel/Käthe
Brinker, Heft 10, 2004 – „Steinzeitliche Funde im Bereich von Alster,
Weisach, Baunach" Fritz Klemm, Heft 2 – „Die Aufnahme der Flüchtlinge und Heimatvertriebenen aus den deutschen Ostgebieten in Ebern
und Umgebung in den Jahren 1945-1950" Nicola Wientzek, Heft
12, 2005 – „Straßennamen erzählen Stadtgeschichte" Erich Steppert,
Heft 6 – „Das Ende des Zweiten Weltkrieges in Ebern und Umgebung"
Eckehard Kiesewetter, Heft 11, 2005 – „Der Dreißigjährige Krieg im
Eberner Land" Wolfram Berninger, Heft 3 - „Spuren jüdischer Vergangenheit im Raum Ebern" Herbert Oberseider, Heft 7, 2003 – „Burgen
im Eberner Land Teil 1 und 2" Dr. Joachim Zeune, Heft 8 und 9, 2003*

Archiv
Stadtarchiv Ebern

Broschüren
*„Haßberge. Der Rennweg" – „Haßberge. Friedrich-Rückert-Wanderweg"
– „Amtsbotenweg Königsberg – Coburg" – „Haßberge. Burgen- und
Schlösserwanderweg" – „Naturpark Haßberge. Reisen in die Erd-
geschichte der Haßberge" – „Burgenkundlicher Lehrpfad Haßberge"
– „Verwaltungsgemeinschaft Ebern" – „Unterkunfts- und Gastgeberver-
zeichnis von Ebern und Pfarrweisach" – „Museen und Sammlungen im
Landkreis Haßberge"*

Zeitungsveröffentlichungen
*„750 bzw. 775 Jahre Stadt Ebern" Jubiläums-Sonderbeilagen der Neuen
Presse und des Fränkischen Tages, 1980 bzw. 2005 – „Neue Presse vom
11.06.07" S. 7 anlässlich der Einweihung der Alten Schule Reutersbrunn,
Michael Will – „Neue Presse vom 08.06.07" S. 10 anlässlich des Haus-
brauerfestes in Brünn, Wolfgang Dietz – „Neue Presse vom 27.02.04" S. 9
Kreisheimatpfleger Günter Lipp über die Weißtanne am Weißfichtensee*

„Neue Presse vom 09.09.05" S. 7 über die Renovierung der Albersdorfer Kirche, Klaus Yersin – „Fränkischer Tag vom 13.11.03" S. 11 über den Bramberger Friedhof, Kreisheimatpfleger Günter Lipp

Bildnachweis

Bis auf folgende Ausnahmen sind alle Bilder von Doris und Michael Will, Ebern, bzw. von der Stadt Ebern zur Verfügung gestellt worden. Christina Morgenschweis/Hartmut Stepputtis, Ebern: S. 11, 72, 73, 103, 106 (Heimatmuseum Ebern), S. 18 (Wildschweine), S. 38, 72, 82, 86 (Aussicht vom Grautum), S. 89 (Ruine Bramberg) - Günter Lipp, Ebern: S. 10 und 21 (Zeichnungen) - Andreas Jost, Wertheim: S. 78 (Kellerhäuser) - Kath. Pfarrgemeinde Ebern: S. 41, 42 (Kirche außen und innen) - Familie Kurt Langer, Ebern: S. 25 (Stadtansicht), S. 35 (Pfarrgartenturm), S. 205 (Heldburg), S. 206 (Nürnberg) - Uwe Haseloff, Hallstadt: S. 43 (Altar geöffnet) - Robert Herrmann, Ebern: S. 43 (Altar geschlossen) - Ralf Naumann, Ebelsbach: S. 21 (Luftbild Altstadt Ebern) - Holger Suhl/Ernst Suhl, Ebern: S. 104/105 (Luftbild Kernstadt Ebern) Torsten Geiling, Bamberg: S. 140 (Bobbycar-Rennen) – Elmar Barth, Unterpreppach: S. 147 (Wappen Unterpreppacher Vereine) – Tanja Kaufmann, Jesserndorf: S. 157 (Dorfplatz Jesserndorf, Lagerfeuer) – Helmut Ringler, Strass im Zillertal/Österreich: S. 200 (Strass im Zillertal)

Titelbildmotive

S. 1 Grauturm von Nordwest, S. 2 Blick vom Steinberg auf das Baunachtal, S. 4 Fachwerk Rathaus Ebern, S. 5 Aquarellcollage Harald Schmaußer, S. 17 Sauensäger am Marktplatz, S. 21 Altstadt von oben, S. 27 Grauturm, S. 39 Fronleichnamsprozession in Ebern (Coburger Straße), S. 55 Friedhof Eyrichshof, S. 61 Festumzug 775 Jahre Stadt Ebern, S. 81 Anlagenring, S. 87 Ruine Rotenhan, S. 103 Heimatmuseum Ebern, S. 111 Sonnwendlauf, S. 115 Mensagebäude, S. 119 Altstadtfest, S. 123 Blick auf Albersdorf, S. 201 Wegweiser bei Welkendorf

Danke

Ganz besonderer Dank gilt allen Korrektoren, insbesondere Marianne Keh, Rolf Feulner, Christian Frieß und Ute Linß, die viele Stunden mit der Durchschau des Manuskriptes verbracht haben, sowie den Stadtteilvertretern aus dem Eberner Stadtrat mit ihren örtlich versierten Ratgebern, ebenso der Firma Weigang Media mit ihrem Mitarbeiter Jan Hempel, und allen, die zum Gelingen des Buches beigetragen haben, durch sachdienliche Hinweise, die Überlassung von Text- und Bildmaterial oder durch freundliche Unterstützung.